Eberhard Platte „Lehre uns beten, Herr!“

Eberhard Platte

„Lehre uns beten, Herr!"

Gedanken zum „Vaterunser"

Impressum

edition als christ leben
Gesamtgestaltung: Eberhard Platte
Internet: www.als-christ-leben.71a.de
Druck: GGP Media, Pößneck

Widmung

Für Erika,
die beste Ehefrau von allen,
und für meine leiblichen
und geistlichen Kinder

„Du nun ...
sei stark in der Gnade,
die in Christus Jesus ist;
und was du von mir
in Gegenwart vieler Zeugen
gehört hast,
das vertraue treuen Menschen an,
die tüchtig sein werden,
auch andere zu lehren!“
2.Timotheus 2,1

und für die Gemeinde
in Wuppertal-Barmen
www.wir-christen.de

„Damit du weißt,
wie man sich verhalten muß
im Haus Gottes,
das die Gemeinde
des lebendigen Gottes ist,
die Säule und Grundfeste
der Wahrheit.“
1.Timotheus 3,15

Weitere Bücher in dieser Reihe:

- **Fütter den Adler!**
  (Wie kann ich siegreich leben?)
- **„Lehre uns beten, Herr!"**
  (Gedanken zum „Vaterunser")
- **Vergebung ist mehr ...**
  (Wie geschieht echte Versöhnung?)
- **Unsere Ehe soll noch besser werden!**
  (Zu Besuch bei Ehepaaren der Bibel)
- **Erziehen wir unsere Kinder falsch?**
  (Zu Besuch bei Familien der Bibel)
- **Wenn euch eure Kinder fragen ...**
  (Die Botschaft der Bibel kindgemäß vermitteln)
- **Gemeinde im Aufbruch!**
  (Zu Besuch bei Gemeinden der Bibel)
- **Einführung in die biblische Seelsorge**
  (Psychotherapie und biblische Seelsorge)
- **Leben auf dem Pulverfass?**
  (Wie gehen wir mit unseren Gedanken um?)
- **Jesus begegnet Menschen**
  (Der Sohn Gottes als Seelsorger)
- **Kennst du Jesus wirklich?**
  (Wer war er und wie war er?)
- **Heiße Eisen und Tabus in Gemeinden**
  (Fragen, die nur selten offen gestellt werden)

Die Reihe wird fortgesetzt.

Inhalt

Vorwort

Für den einen ist Beten eine Pflichtübung, für den anderen ist es die notwendigste Sache zum Leben nach dem Motto: „Beten ist das Atmen der Seele.“ Es ist sicher bereits viel über das Reden mit Gott gesprochen und geschrieben worden. Ich erinnere an das Buch von Ole Hallesby „Vom Beten“, das mir vor Jahren zum großen Segen geworden ist, oder an das Buch von Helmuth Thielicke „Das Gebet, das die Welt umspannt“, das er auf dem Hintergrund der Kriegswirren des Zweiten Weltkrieges schrieb.

Und doch finde ich selten in Gemeinden eine Gebetsatmosphäre, die die Gegenwart des Vaters im Himmel ahnen lässt. Wenn ich vor Jahren den Evangelisten Richard Müller beten hörte, verspürte ich bei ihm in der Art, wie er den himmlischen Vater ansprach, etwas von dem innigen Kindschaftsverhältnis, das er uns in seinem Wort zugesagt hat.

Leider hat man bei unseren Gebetsstunden häufig den Eindruck, als würden zwar Gebete gesprochen, aber nicht mit Gott wirklich geredet! Beschäftige ich mich beim Beten mit meinem Gegenüber - oder stehe ich im Mittelpunkt? Bete ich nur, um meine Anliegen loszuwerden, um meine Probleme gelöst zu bekommen?

Da werden in Gebeten Ansprachen und Predigten gehalten, da werden die Gerschwister gerügt und ermahnt - und sie müssen darauf noch „Amen“ sagen. Als ob man dadurch andere zu einer Verhaltensänderung zwingen könnte. Oder es werden im Gebet alle Grundwahrheiten der Schrift rezitiert, als wolle man Gott und den Geschwistern das eigene Bibelwissen zeigen. Ist das alles Beten? Sicher nicht. Es hat einmal einer gesagt: „Rede nicht mit Gott über Gott und mit den Menschen über Menschen; sondern rede mit den Menschen über Gott und mit Gott über die Mitmenschen."

Dieses Buch möchte ein wenig die Tragweite unseres Redens mit Gott aufzeigen, möchte uns die Bitte der Jünger nachsprechen helfen: „Herr, lehre uns beten!".

Nun wird manch einer einwenden, dass dieses Gebet, das sogenannte „Vaterunser", heilsgeschichtlich nicht in die Zeit der Gemeinde passe, da es den Jüngern damals als Israeliten und damit als Vertretern des Alten Bundes angeraten wurde. Es falle in die gleiche Kategorie wie die Bergpredigt. Das ist sicherlich in gewissem Sinne wahr. Und doch haben diese Gebets-Stichpunkte, die Jesus gab, ebenso auch grundsätzlichen Charakter und Bedeutung für uns.

In diesem Sinn möchte ich im Folgenden auf die einzelnen Verse als Ratschläge, als Leitplanken, als Gedankenstützen eingehen. Sie wollen nicht „Korsett" oder Gesetz sein, schon gar nicht gedankenlos nachgeplappert werden, sondern uns die Größe des Wesens und der Pläne Gottes aufzeigen, damit wir ein wenig mehr erahnen, mit wem wir reden, wenn wir zu Gott, dem Vater, beten.

Eberhard Platte, Wuppertal,
Herbst 2002

Unser Vater,

der du bist im Himmel,

geheiligt werde dein Name,

dein Reich komme,

dein Wille geschehe,
wie im Himmel so auf Erden.

Unser nötiges Brot
gib uns täglich,

und vergib uns unsere Sünden,

wie auch wir vergeben
unseren Schuldnern,

und führe uns nicht
in Versuchung,

sondern erlöse uns
von dem Bösen.

Lukas 11,2-4; Matthäus 6,11-13

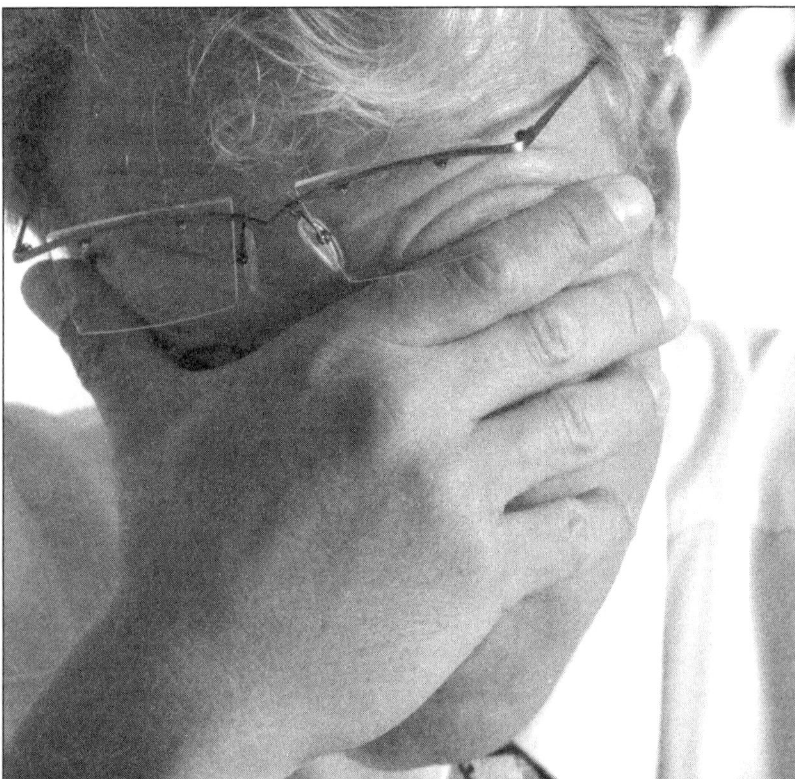

1.

Herr, lehre uns beten!

Damals war ich gerade sechs Jahre alt und kam in die Schule. Es war kurz nach dem Krieg. Der Weg ging an vielen Ruinen und Trümmergrundstücken vorbei. Das Schulgebäude war ein großer roter Backsteinbau und ich kam mir sehr klein und verloren vor. Gleich in den ersten Tagen sollte ein Schulgottesdienst in der großen Kirche stattfinden. Noch nie war ich in einer Kirche gewesen, da meine Eltern zu einer Brüdergemeinde gehörten und wir als Kinder die Sonntagsschule der Gemeinde besuchten. Mit den biblischen Geschichten kannte ich mich aus, aber wie ist das in der Kirche? Ich war sehr nervös. Das hohe dunkle Gebäude machte mir Angst und die kühle Atmosphäre des Innenraums hatte etwas Beklemmendes. Jeder Schritt hallte wider. Wir wagten nur zu flüstern. Mit den anderen Schulkindern schob ich mich in eine Bankreihe und wollte mich gleich hinsetzen. Der Lehrer zog mich aber sofort wieder hoch und schaute mich strafend an: „Erst das Vaterunser!“, herrschte er mich an. Ich schaute mich um. „Was ist das denn?“, wollte ich von meinem Nachbarn wissen. „Ach, quatsch“, flüsterte er zurück, „zähl einfach still bis 30 und setz dich dann. Dann denkt der, du hättest

„Unser Vater, der du bist in den Himmeln, geheiligt werde dein Name; dein Reich komme; dein Wille geschehe, wie im Himmel , so auch auf Erden! Unser tägliches Brot gib uns heute; und vergib uns unsere Schulden, wie auch wir unseren Schuldnern vergeben haben; und führe uns nicht in Versuchung, sondern errette uns von dem Bösen!“
Matthäus 6,9-13

gebetet ...“ Unsicher gehorchte ich. Alles war so fremd. Die laute Orgel, die monotone Stimme des Pastors, das Aufstehen und Hinsetzen. Ich musste sehr aufpassen, um alles bei meinem Nachbarn abzugucken. Der kannte sich wohl besser damit aus. Ziemlich zum Ende des Gottesdienstes - ich kann mich leider nicht daran erinnern, worüber der Pastor gesprochen hatte - mussten wir alle wieder aufstehen und der Pastor betete. Ich schloss wie gewohnt meine Augen dabei, als ich ihn sagen hörte: „Wir beten gemeinsam: Vater unser, ...“ Gespannt wollte ich hören, was das war, aber ich verstand kein Wort. Alle Kinder und Lehrer sprachen etwas gemeinsam, das wie ein lautes Getöse von den hohen Wänden widerhallte. Eine kalte Gänsehaut kroch mir den Rücken hinunter. Was war das nur, das Vaterunser? - Nun, zu Hause erklärte es mir mein Vater und las mir den Abschnitt aus dem Matthäusevangelium vor. „Aber“, fragte ich ihn gleich, „warum wird das Gebet denn so runtergeleiert, dass man nichts verstehen kann?“ -

Irgendwie hatte ich all die Jahre ein ziemlich distanziertes Verhältnis zu diesem „Gebet des Herrn“ und fand keinen rechten Bezug zu dem, was unser Herr seinen Jüngern damit eigentlich hatte sagen wollen.

Es mag sein, dass manch einer eine ähnliche Beziehung zu diesem Abschnitt des Wortes Gottes hat, das in verschiedenen Kirchen und Gemeinden zu einem Ritual geworden ist.

Versuchen wir, uns einmal bewusst von all den persönlichen Erinnerungen und Empfindungen zu lösen, von allen Traditionen, Liturgien oder Vorbehalten, um neu zu dem eigentlichen Inhalt dieses Gebets zu kommen. Was wollte der Herr Jesus damals seinen Jüngern auf ihre Bitte „Herr, lehre uns beten“ vermitteln und was können wir heute für uns und unser Reden mit Gott, dem Vater, lernen?

Offensichtlich kommt der Herr Jesus zwei Mal auf die Grundlagen des Gebets zu sprechen. Das eine Mal ist es im Rahmen der sogenannten Bergpredigt in Matthäus 6,5-15. Hier geht er etwas ausführlicher auf die Grundsätze des Betens ein und warnt vor gedankenlosem Plappern und vielen Worten. Das andere Mal ist er wohl mit seinen Jüngern allein und scheint sie in kurzen Worten an die damaligen Ausführungen zu erinnern (Lukas 11,1-4).

„Vater, geheiligt werde dein Name; dein Reich komme; unser nötiges Brot gib uns täglich; und vergib uns unsere Sünden, denn auch wir selbst vergeben jedem, der uns schuldig ist; und führe uns nicht in Versuchung.“
Lukas 11,2-4

Beten will gelernt sein!

Nicht umsonst hörten die Jünger offenbar sprachlos zu, wenn ihr Herr und Meister mit seinem Vater sprach. Dieses Reden mit Gott war so ganz anders, als sie es gewohnt waren. So anders, als die Pharisäer und Schriftgelehrten beteten. So anders, als sie selbst beteten. „Herr, lehre uns beten!“ war deshalb ihr aufrichtiger Wunsch (Lukas 11,1-4). Sie merkten etwas von der innigen Beziehung, die ihr Meister zu seinem himmlischen Vater hatte.

Unser Herr gab seinen Jüngern daraufhin - und uns heute - einige kurze Stichpunkte an die Hand, die gewichtig genug sind, unsere Einstellung zum Gebet und insbesondere zu Gott, dem Vater, zu überprüfen und gegebenenfalls zu korrigieren.

Je mehr ich über das Beten nachdenke, desto mehr wird mir bewusst, wie wenig ich selbst bete, wie wenig ich mit dem himmlischen Vater beschäftigt bin. Wie vieles dreht sich nur um mich. Von Martin Luther wird berichtet, dass er vor einem arbeitsreichen Tag geäußert haben soll: „Ich habe heute so viel zu tun, ich muss erst drei Stunden beten!“

Ich muss bekennen, dass ich stets in der Gefahr stehe, wenn ich viel Arbeit habe, die Zeit des Gebets zu kürzen. Doch die innere Ruhe in der Hektik des Tages kommt nur aus der Stille vor Gott. Anders als in anderen Religionen ist das Gebet der Christen keine Pflichtübung, die es als Ritual zu erfüllen gilt, sondern das aufrichtige Bedürfnis des Herzens, mit dem zu sprechen, der uns errettet hat und zu dem wir in ein inniges Verhältnis gekommen sind. Die meisten Siege im Reich Gottes sind auf den Knien errungen worden!

Ja, Beten will gelernt sein. Dabei meine ich nicht die äußere Form, sondern den Inhalt - und mehr noch: die Person, zu der ich bete.

Beten hat zudem viele verschiedene Aspekte. Zum einen gibt es sicherlich den kurzen Verzweiflungsschrei in bitterer Not, zum anderen die intensive Anbetung dessen, zu dem ich beten darf. Dann gibt es die Fürbitte für andere sowie das staunende Stehenbleiben vor der Größe Gottes und den Dank für alle Wohltaten.

Zwei verschiedene Beispiele möchte ich zu Beginn erzählen: Sie lebte auf der Straße. Ihre wenigen Habseligkeiten lagen im Bahnhofsschließfach, sie selbst suchte sich einen Schlafplatz in einem der Warteräume oder in Supermarkthallen. Am gestrigen Abend war sie von Christen zu einem Offenen Abend eingeladen worden, und sie war wegen des Themas hingegangen. Hier hörte sie zum ersten Mal bewusst von der Existenz und Liebe des auferstandenen und lebendigen Herrn Jesus Christus. Nein, bei den Christen hatte sie nicht bleiben wollen. Sie fühlte sich nicht passend bei ihnen. So suchte sie wie gewohnt den Wartesaal im Bahnhof auf. Sie hatte sich gerade auf einer der Bänke ausgestreckt, als ein Kleiderschrank von einem Mann im Türrahmen stehen blieb und süffisant grinsend sagte: „Mädchen, dich krieg ich diese Nacht!"

Panik kroch ihren Rücken hinauf. Sie suchte in ihrer Tasche nach ihrem Verteidigungsspray. Doch, was war das? Sie hatte es offenbar bei den Christen liegen lassen. Was nun? Triumphierend stand der Mann in der Tür und genoss ihre Angst.

Da fiel ihr ein, was die Christen ihr gestern gesagt hatten: „Dieser Jesus lebt. Du kannst mit ihm reden. Er ist da und hört dich, egal wo du bist." Sollte das wirklich stimmen? Sie wusste nicht, was Beten ist. Aber in ihrer panischen Not schrie sie es so laut sie konnte heraus: „Herr Jesus hilf!!!"

Verdutzt machte der Mann einen Schritt zur Seite, um zu sehen, ob jemand kommt. In diesem Moment konnte sie an ihm vorbeilaufen und war frei!

Weitere Bibelstellen zum Thema Beten:
Ps 138,2; Mt 5,16; Joh 17,3; Mt 16,17; Jak 1,5; Ps 119,105.137; Röm 11,22.23; Ps 71,8; Ps 115,1

„Das war mein erstes Gebet!", sagte sie später. „Und ich hab gemerkt: Es stimmt! Dieser Jesus lebt!"

Ein anderes Beispiel: Vor etlichen Jahren wohnte über meinem Atelier eine liebe altgewordene Schwester, von der ich wusste, dass sie ihre festen Gebetszeiten hatte. Oft - besonders als sie nicht mehr die Gemeindestunden besuchen konnte - kam sie zu mir und bat um „Futter fürs Beten". Sie wollte wissen, wie es den übrigen Glaubensgeschwistern der Gemeinde ging, um für sie beten zu können! Wir brauchen wieder neu solche Geschwister, die nicht über die Geschwister reden, sondern für sie beten!

2.

Unser Vater

Man stelle sich vor: Gott, der Heilige, der Allmächtige, ist unser Vater! Das gibt es in keiner Religion, in keiner Weltanschauung! Überall, wo man zu einem Gott oder mehreren Göttern betet, spricht man als Winzling zu einem fernen Unnahbaren. Als kleine Nichtse und Namenlose zu einem übergroßen, willkürlichen und unberechenbaren Despoten und Tyrannen, zu einem „Big Brother", dessen Forderungen man aus Angst vor Strafe erfüllen muss.

Der Gott der Bibel möchte uns dagegen als Vater begegnen! Ist uns bewusst, was das bedeutet?

Es war bei einem Missionseinsatz in ungarischen Gefängnissen. Ich sollte zu den Inhaftierten des Hochsicherheitstraktes des größten Gefängnisses in Budapest zu sprechen. Da saßen sie vor mir, finstere Gestalten, skeptische Gesichter. Ich fragte mich, wie diese Herzen für das Evangelium der Liebe und Vergebung Gottes geöffnet werden könnten. Ein kurzes stilles Gebet zu meinem Vater im Himmel und er gab mir die Frage, die ich den Inhaftierten stellte: „Wer von euch hatte einen guten Vater?"

Plötzlich war es mir, als könnte ich in ihre Herzen sehen. Alle schauten mich nachdenklich an. Still war es geworden. Nur zwei Hände hoben sich zögernd. Sehnsucht sah ich in den Augen der Männer. Sehnsucht nach Heimat, Geborgenheit und Ruhe des Herzens.

Als ich dann die zweite Frage stellte: „Wer von euch ist ein guter Vater?“, senkten sich beschämt ihre Gesichter. Betretenes Schweigen. Selbst die beiden eben erhobenen Hände verkrochen sich wieder ...

„Herr“, betete ich im Stillen, „hilf mir, dich als den liebenden Vater vorzustellen.“ Ich dachte daran, wie ich einmal in einem Frauengefängnis in Deutschland versucht hatte, Gott als Vater vorzustellen. Als ich ihnen sagte, Gott sei wie ein Vater, kam spontan die schockierende Frage: „Wieso, ist Gott immer besoffen wie mein Alter?!“ Wie soll man Menschen, die ein schlechtes Vaterbild durch ihren eigenen Vater haben, erklären, wie Gott ist?

Ich weiß nicht, wie du deinen Vater in Erinnerung hast - vorausgesetzt, du hattest einen. War er nie anwesend? Oder, obwohl anwesend, doch irgendwie abwesend? War er lasch? Oder hart?

Zum ersten Mal wurde mir dieser Tatbestand bewusst, als ich vor Jahren in der Jugendgruppe dieses Thema behandeln wollte. Vor mir saß ein Junge, dessen Vater in keiner Weise seiner Vaterrolle nachkam. Er stand, wie man im Volksmund allgemein sagt, „unterm Pantoffel“ seiner Frau, gab ein klägliches Bild ab und wurde von seinen Söhnen verachtet.

Ulrich Parzani sagte einmal: „Wenn wir vom menschlichen Vorbild eines Vaters auf Gott schließen, kommen wir in eine Sackgasse. Anders herum müssen wir Väter von Gott lernen, was wirkliche Vaterschaft bedeutet.“

Wir fuhren zur Familienfreizeit in den Westerwald. Ich fuhr mit einem VW-Bulli voran, da wir noch ein Mädchen in ihrem Rollstuhl mitnahmen. Unsere Pflegetochter, die wir als 20-Jährige aus der Drogenszene aufgenommen hatten, fuhr meinen Kombi und hatte zwei unserer Kinder mit im Wagen. Kurz vor dem Westhofener Kreuz bei Hagen auf der A1 gab es „Stopp-and-Go“. Einen kurzen Augenblick hatte sie nicht achtgegeben und schon schob sie mich mit meinem Kombi auf zwei andere Autos auf! Ich schaute in den Rückspiegel: Mein Wagen sah aus wie nach einem ADAC-Crashtest! Hinter dem Lenkrad saß kreidebleich unsere Pflegetochter.

Wir verursachten logischerweise einen riesigen Stau auf der Überholspur. Ich stieg aus, stellte das Warndreieck auf, öffnete die Wagentür und holte die Kinder heraus. Ich nahm meine Pflegetochter in den Arm und sagte: „Das kann jedem passieren, Kind. Wir wollen dem Herrn Jesus danken, dass sonst nichts passiert ist und ihr alle gesund seid.“

Mit aufgerissenen Augen starrte sie mich an: „Du schlägst mich nicht tot? Jetzt weiß ich erst, was ein Vater ist! Mein Vater hätte mich tot geschlagen!“

Als ich kurz darauf den Kostenvoranschlag für die Reparatur erhielt, fragte ich im Stillen: „Herr, warum muss solch eine Lektion so teuer sein und mein Geld kosten?“

Aber Gott beschämte mich. Im Laufe des nächsten halben Jahres bekam ich von unterschiedlicher Seite Spenden zur Reparatur des Autos, die im Gesamtbetrag nicht nur die Kosten der Reparatur, sondern sogar die Rückstufung der Versicherung ausmachten. „Herr, verzeih mir den Unglauben!“, betete ich. „Offensichtlich war dir diese Lektion so viel wert!“

Ja, Gott hat das große Anliegen, dass wir verstehen, wie er als Vater ist! Und wie wichtig ist es, dass wir unseren Kindern durch unser Vatersein zeigen, wie Gott ist.

„Wie sich ein Vater über seine Kinder erbarmt, so erbarmt sich der Herr über die, die ihn fürchten."
Psalm 103,13

Ein wenig davon erfahren wir in dem Gleichnis, das der Herr Jesus in Lukas 15 berichtet und das im Allgemeinen das „Gleichnis vom verlorenen Sohn" genannt wird. Doch das Erstaunliche an dieser Geschichte ist m. E. nicht die Unverschämtheit des jüngeren Sohnes - dieser Egoismus ist uns allen nicht fremd -, nicht sein ausschweifendes Leben, auch nicht seine Buße und Umkehr und auch nicht das Unverständnis und der Neid des älteren Sohnes.

Mich bewegt beim Lesen jedes Mal neu das Verhalten des Vaters. Seine Geduld, sein Warten, seine Vergebungsbereitschaft und seine Liebe zu beiden Söhnen. Ich möchte es deshalb das „Gleichnis vom wartenden Vater" nennen.

Nicht nur mich fasziniert diese wartende Liebe des Vaters. Der große holländische Maler Rembrandt van Rijn (1606-1669) hat neben vielen anderen Gemälden und Zeichnungen zur Bibel gerade diese Begebenheit im Lauf seines Lebens viele Male im Bild festgehalten. Das Besondere an diesen Kunstwerken ist, dass er sich selbst jedes Mal als den verlorenen Sohn ins Bild setzte.

Wenn man das Leben dieses Malers studiert, wird deutlich, dass er den Inhalt der Geschichte, die Jesus erzählt, wohl verstanden hat und auf sein Leben interpretierte.

Wie kaum ein anderer beherrschte Rembrandt - bekannt insbesondere durch seine eindrücklichen Gemälde wie z.B. „Der Mann mit dem Goldhelm" und „Die Nachtwache" - das Wechselspiel von Licht und Schatten. Er war zu seiner Zeit einer der berühmtes-

1

2

ten Portraits- und Situationsmaler. Geboren als Sohn eines einfachen calvinistischen Müllers aus Leiden/Niederlande kam er schon in jungen Jahren durch sein Können zu Ruhm und Ansehen. Nach seiner Heirat mit der Patriziertochter Saskia van Uylenburgh kaufte er ein repräsentatives Haus in der Sint-Anthonies-

3

breestraat in Amsterdam. Ein Leben in Wohlstand begann.

Doch schon bald wendete sich das Blatt. Zwei seiner Kinder starben kurz nach der Geburt. Ein Jahr nach der Geburt des Sohnes Titus starb auch seine junge Frau. Rembrandt war gerade erst 36 Jahre alt.

4

Auch die Aufträge blieben aus. Die Armut kehrte ein. Manche notvolle Situation und Sünde entwickelte sich aus der Beziehung zur angestellten Kinderfrau, woraus auch große finanzielle Belastungen entstanden. 1657-58 wurde all sein Besitz versteigert, da er zahlungsunfähig war. Doch auch das reichte nicht aus.

Als Rembrandt 1669 starb, gehört ihm nur noch ein Kleid, 8 Taschentücher, das Malgerät und eine Bibel ...!

Not lehrt Beten - und Malen!

Zeit seines Lebens, aber besonders in der Zeit der Not, beschäftigte er sich intensiv mit der Bibel, und insbesondere mit der Person unseres Herrn. Viele Gemälde, Federzeichnungen und

1. Feder, laviert, 19,3 x 27,5 cm, um 1632. Dresden, Kupferstichkabinett.
2. Öl auf Leinwand, 161 x 131 cm, um 1636. Dresden, Gemäldegalerie.
3. Radierung, um 1636. 15,6 x 13,6 cm. Amsterdam, Rijksprentenkabinet.
4. Feder- und Pinselzeichnung, 19 x 22,7 cm, um 1642. Haarlem, Teylers Museum.
5. Federzeichnung, 15,9 x 23,5 cm, um 1647/48. London, British Museum.

5

Radierungen entstanden. In vielen seiner Bilder malte er sich selbst mit in die biblische Handlung. So ist er in einer Kreuzigungsszene einer derer, die mithelfen, das Kreuz aufzurichten, als wolle er sagen: „Ich, ich und meine Sünden ..."

Besonders das „Gleichnis vom verlorenen Sohn" hatte ihn sein Leben lang beschäftigt. Offensichtlich erkannte er sich selbst in dem Sohn, der das Vaterhaus verlies. Es ist auffallend, zu welchem Zeitpunkt er welches Motiv dieser Geschichte malte:

- Mit 26 Jahren (1632) malte er zum ersten Mal eine Szene dieser Begebenheit: Er, der Sohn, verlässt das Vaterhaus, verlässt den Vater (**Bild 1**).

- Zur Zeit seines Wohlstandes im Alter von 30 Jahren (1636) malte er den Sohn, wie er das Geld verprasst: ein Selbstbildnis mit seiner Frau Saskia, wie sie dem Betrachter zuprosten (**Bild 2**)!

- Und doch scheint er die Sehnsucht im Herzen gehabt zu haben: Zurück zum Vater! Eine Radierung aus demselben Jahr macht das deutlich (**Bild 3**).

- Als seine Frau starb (1642), malte er diese Szene neu: eine Feder-unf Pinselzeichnung, die den ganzen Schmerz und die Sehnsucht zum Ausdruck bringt (**Bild 4**).

- Im Jahr 1647, als die Schwierigkeiten größer und ihm seine Sünden bewusst wurden: eine Federzeichnung, die ihn heruntergekommen zwischen den Schweinen zeigt (**Bild 5**).

- Das beeindruckendste Bild ist das letzte, das Rembrandt in seinem Todesjahr malte: der heimkehrende Sohn, ein Selbstbildnis, in den Armen des vergebenden Vaters ... (**Bild 6**).

6

6. *Öl auf Leinwand, 262 x 206 cm, 1669. Leningrad, Eremitage. (Abbildungen aus: Die Rembrandtbibel, Hänssler, 1981)*

Rembrandt, der große Maler, der die Höhen und Tiefen des Lebens erfahren hatte, drückte in seinen Gemälden aus, was er selbst erlebt hatte: Er hatte heimgefunden zu seinem himmlischen Vater.

Auf der Suche nach dem verlorenen Vater

Ein anderes Beispiel aus der heutigen Zeit:
Schwarze Lederjacke, auf dem Rücken die Symbole der „Hell's Angels", Ohrringe und Ketten, Schlagring am Handgelenk und in der Faust die unvermeidliche Bierflasche ...

Langsam, fast zögernd komme ich mit ihm ins Gespräch. Aber dann sitzen wir fast vier Stunden beisammen und es sprudelt aus ihm heraus:

27 Jahre ist er und stolz darauf, seit seinem 12. Lebensjahr auf eigenen Füßen zu stehen. Damals hatten ihn seine Eltern rausgeworfen. Er lächelt über mein erstauntes Gesicht, als er mir sagt, aus welcher Familie er kommt. Jüngster Sohn eines stadtbekannten Unternehmers, das schwarze Schaf zwischen erfolgreichen Geschwistern, und er scheint sich in dieser Rolle zu gefallen. Oder klingt da doch im Unterton Enttäuschung mit? Enttäuschung über den Verlust der Familie, der Kindheit, der Ideale ...?

Zwei Jahre Indien liegen hinter ihm - wegen der Sinnfindung. Er fand sie nicht. Aber irgend sowas wie Typhus hat er sich dort eingefangen. Hunger hat er immer, versucht ihn zu stillen mit „Sprit", Shit, Hasch. Wie Heldentaten klingen seine Erlebnisse, und doch - sein Blick, die hängenden Schultern und die resignierte, verbitterte Stimme lassen keinen Zweifel aufkommen: Er ist innerlich und äußerlich am Ende ...

„Aber", frage ich ihn, „warum berichtest du mir das alles, ich könnte doch dein Vater sein ..."

„Das ist es ja gerade", antwortet er, „so einen Vater hätt' ich ja haben wollen! Aber mein Alter hatte ja nie Zeit für mich, der hatte nur sein Geschäft ..."

Verlorene Kindheit

Ja, daran krankt die junge Generation weitgehend: Ihr fehlen die Väter, die Schutz, Vorbild und Geborgenheit vermitteln könnten. Nicht nur die vielen zerstörten Ehen, sondern auch die Werte- und Orientierungslosigkeit der heutigen Zeit lassen die kommende Generation leer und ausgebrannt aufwachsen.

Rabenväter?

Vor einiger Zeit berichtete das österreichische Wirtschaftsmagazin „trend" unter dem Leitartikel „Sind Top-Manager Rabenväter?": „Ihrem Job widmen sie sich mit Begeisterung 80 Stunden in der Woche, ihren Kindern gehören sie nur für wenige Augenblicke am Tag." Und der österreichische Psychologe Erwin Riegel erklärt: „Managereltern sind besessen von Erfolg, Geld und Macht. Sie haben wenig Werte anzubieten, die das Kind interessieren. Wärme, Liebe und Geborgenheit kann man nicht kaufen."

Unsere heimischen Rabenvögel sind keineswegs die sprichwörtlichen Rabeneltern. Ein Tierlexikon schreibt: „Sie entwickeln geradezu einen vorbildlichen Familiensinn. Das Männchen lebt in einer beständigen Dauerehe und zeigt sich während der Brut- und Nistzeit zwischen März und Juni als ein fürsorglicher Ernährer und Beschützer der Familie!" Ganz im Gegensatz zu uns modernen Menschen?

Kinder suchen nach dem Sinn ihres Lebens und nach Vorbildern, die ihnen glaubhaft Werte vermitteln können.

Mein Vatersein prägt das Gottesbild meiner Kinder

Ob es uns bewusst wird? Unser Vorbild als Väter - sei es positiv oder negativ - prägt entscheidend nicht nur die Frage unserer Kinder nach dem Sinn des Lebens, sondern auch das Bild, das sie von Gott haben: „Hat Vater (Gott) Zeit für mich? Nimmt Vater (Gott) mich ernst? Ist Vater (Gott) gerecht? Kann ich mit Vater (Gott) sprechen? Ist Vater (Gott) nachtragend oder versöhnend? Hat Vater (Gott) mich lieb?“

Vielleicht sagen wir: „Ich bin doch nicht Gott, sondern nur ein Mensch! Und mein Vater war auch nicht besser!“ Mag sein, aber auch daraus resultiert *mein* Bild, das *ich* von Gott habe.

Mein Gottesbild prägt mein Vatersein

Wenn ich anderen ein gutes Vorbild sein will, muss ich selbst ein gutes Vorbild haben. Da bete ich vielleicht Sonntag für Sonntag „Vater unser ...“ und kenne Gott doch nur als den fernen, strafenden, unnahbaren und unberechenbaren Gott und nicht als einen Vater, der mich ganz persönlich lieb hat und sich um mich kümmert.

Wie kann ich Gott wirklich als Vater kennen lernen?

Als der Herr Jesus damals seinen Jüngern von seinem Vater erzählte, scheint es so, als wenn sie Sehnsucht bekommen hätten, diesen wirklichen Vater im Himmel kennen zu lernen. Philippus bat ihn deshalb:

> *„Herr, zeige uns den Vater. Und es genügt uns.“* Johannes 14,8

Der Herr Jesus sagt ihm darauf:

> *„Philippus, so lange Zeit bin ich bei euch, und du hast mich nicht erkannt? Wer mich gesehen hat, hat den Vater gesehen!“*
> Johannes 14,9

Das heißt doch, dass ich das wirkliche Wesen Gottes in seinem Sohn Jesus Christus erkennen kann. Er zeigt mir seine ganze Liebe darin, dass er für mein Versagen und für meine Sünden auf Golgatha starb. Wenn ich ihn so im Bekennen meiner Schuld im Herzen aufnehme, werde ich sein Kind und er mir Vater. So lerne ich ihn kennen als liebenden, vergebenden, fürsorglichen Vater und an ihm lerne ich, was wirkliches Vatersein für meine Kinder bedeutet.

Wir haben versagt

Wir müssen es uns unumwunden eingestehen: Wir sind unserer Verantwortung als Väter (und Mütter) nicht oder nur in unzureichendem Maße gerecht geworden. Unsere Verantwortung, die wir nicht nur der jungen Generation gegenüber haben - sondern auch Gott!

Denn unseren Erziehungsauftrag haben wir Menschen unmittelbar von Gott erhalten. Ihm sind wir Rechenschaft schuldig ...

Doch indem wir uns von Gott gelöst haben, haben wir uns nicht nur für unser eigenes Leben Ziellosigkeit eingehandelt, wir haben auch der Nachkommenschaft keine echten und glaubhaften Werte mehr weitergegeben.

Glaubhafte Vaterschaft

Wir mögen den gegenwärtigen Zustand und die Hoffnungslosigkeit der heutigen Jugend bedauern und beklagen. So lange wir selbst nicht bereit sind, in echter Konsequenz Buße vor Gott über die eigene Sünde in unserem Leben und über unsere Fehler und Versäumnisse in der eigenen Kindererziehung zu tun, so lange wir nicht selbst zu echten Vätern und Müttern werden, die zu Gottes Wort und Maßstäben zurückfinden, so lange können wir nicht erwarten, dass die junge Generation in uns Vorbild und Orientierungshilfe findet.

Der Weg zurück

In Gottes Wort, der Bibel, finde ich den Weg zurück: In Jesus Christus, dem Sohn Gottes, der für all mein Versagen, für alle meine Sünden und Versäumnisse, für all meine Schuld am Kreuz auf Golgatha starb. In ihm darf ich wirkliche Vergebung Gottes erfahren und damit die Chance eines Neuanfangs. Sicher beginnt dieser Neuanfang dann damit, dass ich auch meine eigenen Kinder um Vergebung bitten kann ... und anfange, für die junge Generation zu beten.

Wie wird Gott mein Vater?

Vater wird ein Mensch, der ein Kind gezeugt hat, aber zur Vaterschaft gehört auch, dass das Kind aufgezogen wird. Das heißt: Vaterschaft beinhaltet, die Verantwortung für den Nachwuchs zu übernehmen - und das nicht nur materiell, sondern gerade ideell.

Viele Menschen meinen, Gott sei automatisch unser Vater dadurch, dass er uns geschaffen hat. Das stimmt nicht. Die Bibel bezeugt klar, dass Gott nur durch die geistliche Zeugung und die Neugeburt mein Vater wird:

> *„So viele ihn aufnahmen, denen gab er das Recht, Kinder Gottes zu werden, denen, die an seinen Namen glauben, die nicht aus Ge-*

Das Vaterbild Gottes

- Die geistliche Zeugung:	Jak 1,18; Joh 1,12
- Die Geburt aus Gott:	1Jo 2,29; 3,9; 4,7; 3,1
- Gott versorgt:	1Petr 5,7; Neh 9,21
- Gott leitet:	Ps 23,3; 2Tim 2,7; Rö 2,4; 8,14; Gal 5,18
- Gott erzieht:	Hebr 12,6-8
- Gott tröstet:	1Thes 5,14; 2Kor 1,4
- Gott vererbt:	Röm 8,17
- Gott ist treu:	1Jo 1,9; Hebr 10,23; 2Tim 2,13; 2Thes 5,24; 1Kor 1,9; 10,13;
- Gott ist langsam zum Zorn, von großer Güte:	2Mo 34,6; 4Mo 14,18; Neh 9,17; Ps 86,15; 103,8; 145,8; Jon 4,2
- Gott ist geduldig:	Röm 2,4
- Gott vergibt:	Neh 9,17; Ps 130,4; Jes 55,7; Dan 9,9; Kol 1,14
- Gott ist heilig u. gerecht:	Ps 7,9+11; Sach 9,9
- Gott ist gnädig u. barmherzig:	Jon 4,2; Ps 116,5; 111,4; 57,1; Neh 9,31; 2Chr 30,9
- Gott ist Liebe:	1Jo 4,8.16
- Gott ist Licht:	1Jo 1,5

blüt, auch nicht aus dem Willen des Mannes, sondern aus Gott geboren sind."
Johannes 1,12-13

„Nach seinem Willen hat er uns durch das Wort der Wahrheit geboren." Jakobus 1,18

Was ist das für ein großes Wunder: Wenn ich als sündiger Mensch in Buße zu Gott komme, ihm meine Sünden im aufrichtigen Gebet bringe und ihn bitte, in mein Leben zu kommen (= Bekehrung), antwortet Gott darauf mit der Neugeburt (oder: Wiedergeburt). Er schenkt mir göttliches Leben, Leben aus Gott, und den Heiligen Geist als Garantiebeweis! Das ist das, was Johannes in seinem 1. Brief „aus Gott geboren" nennt.

> *„Seht, welch eine Liebe uns der Vater gegeben hat, dass wir Kinder Gottes heißen sollen! Und wir sind es."* 1. Johannes 3,1

Als ich etwa 18 Jahre alt war, hab ich das zum ersten Mal so richtig verstanden. Bekehrt hatte ich mich bereits mit 9 Jahren und seitdem wusste ich, dass ich errettet war, Vergebung meiner Sünden hatte und einmal im Himmel sein würde. Aber, was es wirklich bedeutet, dass der große und allmächtige Gott mir ein fürsorglicher und liebender Vater sein möchte und ich sein Kind - nicht nur sein Adoptivkind -, wurde mir erst als Jugendlicher klar. Obwohl ich einen guten, wirklich guten Vater hatte, der Gott diente und mir ein gutes Vorbild war und ist, vergesse ich nie, welche Geborgenheit, welche Sicherheit und welche Freude mein Herz durchströmte, als ich begriff, Kind Gottes zu sein und Gott als Vater zu kennen.

Wie ist Gott als Vater?

Wenn wir Gott als Vater kennen lernen wollen, finden wir in der Bibel seine Wesensmerkmale und seine Art der Erziehung. Gott ist, wie gesagt, kein Despot, keiner, der willkürlich handelt und reagiert. Er erzieht uns Menschen nicht autoritär, sondern autoritativ. Das meint, bei aller Strenge und Heiligkeit und Gerechtigkeit, die sein Wesen ausmachen, bleibt er doch immer der Liebende, der Beschützende und Treue.

Eine Aussage über Salomo macht mir Gottes Erziehungsprinzip mit uns Menschen deutlich:

> *„**Ich** will ihm Vater sein, und **er** soll mir Sohn sein. Wenn er verkehrt handelt, werde ich ihn mit einer Menschenrute und mit Schlägen der Menschenkinder züchtigen. **Aber meine Gnade soll nicht von ihm weichen!**"* 2. Samuel 7,14-15

Das macht mir klar: In allem erzieherischen Handeln Gottes an mir darf ich wissen: Er liebt mich trotzdem!

So leitet er mich in meinem Leben. In Psalm 32 sagt er, wie er das tun will: *„Ich will dich unterweisen und dich lehren den Weg, den du wandeln sollst; mein Auge auf dich richtend, will ich dir raten."* Psalm 32,8 (nicht rev. Elberf.)

Das heißt doch: Wenn Gott mich mit seinen Augen leiten will, muss ich Blickkontakt mit ihm halten.

Immer wieder muss ich daran denken, wie mein Vater uns Kinder erzogen hat. Er brauchte uns nur anzusehen und wir wussten, wie er über eine Sache dachte. Vaters Blick ermutigte oder korrigierte, war strafend oder gnädig.

So darf ich unter Gottes Augen meinen Weg gehen. Wenn meine Verbindung zu ihm intakt ist, kann er mich leiten. Zudem gibt er mir nach der Aussage des Herrn Jesus seinen Geist, der uns in die Gedanken Gottes führt:

> *„Denn so viele durch den Geist Gottes geleitet werden, die sind Söhne Gottes."*
> Römer 8,14

Gott, wir sagen zu dir Vater,
doch wir haben scheinbar keine Väter mehr,
die uns und unsern Kindern zeigen,
was ein guter Vater wär.
Ein Vater, der uns lieb hat,
ein Vater, der uns trägt,
der für uns Kinder Zeit hat,
wenn's nötig ist, mal schlägt.

Gott, wir sagen zu dir Vater,
doch wir haben scheinbar keine Väter mehr,
die uns und unsern Kindern zeigen,
was ein guter Vater wär.
Ein Vater, der Geduld hat,
der hält, was er verspricht
und uns das rechte Maß gibt
für das, was gut ist und was nicht.

Gott, ich sage zu dir Vater,
und darum bitte ich dich sehr:
Mache du doch aus mir so einen Vater,
der für Kinder so ein Vorbild wär.
Ein Vater, der gerecht ist,
der weise regiert
und unter uns den Frieden
durch Vergebung praktiziert.

Manfred Siebald

Was kann Gott als Vater billigerweise von mir erwarten?

Er, der alles für mich getan, ja, sogar seinen Sohn für mich in den Tod gegeben hat und damit seine Liebe zu mir unter sichtbaren Beweis stellte und mich errettete aus der Gewalt der Finsternis, kann er nicht meine Gegenliebe, meinen Dank, meine Verehrung, meine Hingabe und meinen Gehorsam erwarten?

„Wir lieben, weil er uns zuerst geliebt hat."
1. Johannes 4,19

Welch ein Vorrecht ist es, diesen wunderbaren Gott als Vater zu haben und jederzeit mit ihm reden zu dürfen. Ich brauch keine Audienz bei ihm zu beantragen, ich darf jederzeit und mit allen Anliegen zu ihm kommen! Er schickt mich nicht fort, sondern hat stets und für alles ein offenes Ohr und ein offenes Herz. Wer das erfasst hat, kann aus dankbarem Herzen nachsprechen, was Paulus im Römerbrief sagt:

„Denn ihr habt nicht einen Geist der Knechtschaft empfangen, wieder zur Furcht, sondern einen Geist der Sohnschaft habt ihr empfangen, in dem wir rufen: Abba, Vater! Der Geist selbst bezeugt mit unserem Geist, dass wir Kinder Gottes sind. Wenn aber Kinder, so auch Erben, Erben Gottes und Miterben Christi."
Römer 8,15-17

Fragen zum Nachdenken:
- Wie wird Gott mein Vater?
- Was bedeutet es mir, dass Gott mein Vater ist?
- Welche Auswirkungen auf mein Leben hat die Tatsache, ein Kind Gottes zu sein?

3.

Der du bist im Himmel

Ein Passant fragte spöttisch einen Jungen, der auf einer Treppenstufe saß und ganz in seine Bibel vertieft war: „Nun, mein Junge, wenn du so gut in deiner Bibel Bescheid weißt, kannst du mir eine Frage beantworten? Du bekommst von mir 50 Cent, wenn du mir sagen kannst, wo Gott ist!"

Einen Augenblick schaute der Junge den älteren Mann verwundert an, dann antwortete er ihm schlagfertig: „Das wissen Sie nicht? Ich geb Ihnen 5 Dollar, wenn Sie mir sagen können, wo Gott *nicht* ist!" -

Wo wohnt Gott?

Im Gegensatz zu anderen Religionen ist der Gott der Bibel nicht ein ferner Gott, zu dem der Mensch nur eine distanzierte Beziehung haben könnte. Zwar sagt das Alte Testament zum einen, dass Gott im „Himmel" ist, aber gleichzeitig betont die Schrift auch, dass er bei den Menschen wohnt bzw. wohnen möchte:

> *„So erkenne denn heute und nimm dir zu Herzen, dass der HERR Gott ist im Himmel oben und*

> *auf der Erde unten, keiner sonst."* 5. Mose 4,39
> *„Der Herr, euer Gott, ist Gott im Himmel oben und auf der Erde unten."* Josua 2,11

Der weise König Salomo betet bei der Einweihung des Tempels in der Erkenntnis, dass ein Haus Gott nicht fassen kann:

> *„Und höre auf das Flehen deines Knechtes und deines Volkes Israel, das sie gegen diesen Ort hin richten werden; und höre du an der Stätte deiner Wohnung, im Himmel, ja, höre und vergib!"*
> 1. Könige 8,30.39.43

Asaph kommt zum Jubeln, wenn er über seinen Gott nachdenkt, den er im Himmel weiß:

> *„Wen habe ich im Himmel? Und neben dir habe ich an nichts Lust auf der Erde."* Psalm 73,25

Der Prediger im Alten Testament erkennt zwar die Ehrfurcht gegenüber Gott im Himmel:

> *„Sei nicht vorschnell mit deinem Munde, und dein Herz eile nicht, ein Wort vor Gott hervorzubringen! Denn Gott ist im Himmel, und du bist auf der Erde: darum seien deine Worte wenige."*
> Prediger 5,2

Aber es ist nicht der ferne und unnahbare Gott. Paulus sagt den klugen Philosophen Athens:

> *„Der Gott, der die Welt gemacht hat und alles, was darin ist, er, der Herr des Himmels und der Erde, wohnt nicht in Tempeln, die mit Händen gemacht sind, auch wird er nicht von Menschenhänden bedient, als wenn er noch etwas nötig hätte, da er selbst allen Leben und Odem und alles gibt (...) Er ist nicht fern von jedem von uns. Denn in ihm leben und weben und sind wir."* Apostelgeschichte 16,24-28

Der Gott des Himmels wollte Gemeinschaft mit dem Menschen

Gott hatte den Menschen geschaffen, um eine innige Gemeinschaft mit ihm zu haben und ein Gegenüber als Empfänger seiner Liebe, Fürsorge und Zuneigung:

> *„... und ich hatte meine Wonne an den Menschenkindern."* Sprüche 8,31

So hatte er Gemeinschaft im Garten Eden und suchte das Gespräch mit ihm. Der Sündenfall des ersten Menschenpaares unterbrach diese Harmonie und distanzierte den Menschen von Gott. Er begann, sich zu fürchten (1. Mose 3,8-10).

Der Gott des Himmels wohnt inmitten Israels, seines Volkes

Doch Gott suchte auch nach dem Fall des Menschen die Gemeinschaft. So wählte er ein Volk, in dessen Mitte er wohnen wollte. Er sagt in 2. Mose 29,45-46:

> *„Und sie werden erkennen, dass ich der Herr, ihr Gott bin, der ich sie aus dem Land Ägypten herausgeführt habe, um mitten unter ihnen zu wohnen, ich, der Herr, ihr Gott."*

Die Stiftshütte, Gottes „Wohnung" inmitten der Menschen

So gab er seinem Volk die Anweisungen, die „Hütte Gottes bei den Menschen“ zu bauen, das „Zelt der Begegnung“, die „Stiftshütte“. Doch wie kann der heilige Gott mitten unter sündigen Menschen wohnen? Wie kann die Kluft überbrückt werden zwischen der Heiligkeit, die den Sünder strafen muss, und der Liebe, die Gott zu den Menschen hat?

Deshalb gab er seinem Volk den Opfer- und Priesterdienst, damit Vergebung stattfinden könnte und auf dieser Grundlage ein Miteinander möglich wäre.

Gibt es eine vollkommenere Gemeinschaft mit Gott?

Wenn wir uns all die Opfergesetze ansehen, merken wir sehr schnell - und auch Einzelne in Israel erkannten es - dies kann nur ein „Provisorium“ sein, da eine dauerhafte Gemeinschaft trotzdem nicht möglich ist. All das konnte nur ein Schatten von etwas Vollkommenerem sein, was Gott bereits geplant hatte, bevor er die Welt gemacht hatte.

Der Herr Jesus deutet es gegenüber seinen Jüngern an:

> *„Denn“*, so sagt er in Matthäus 18,20, *„wo zwei oder drei versammelt sind in meinem Namen, da bin ich in ihrer Mitte.“*

Hier sagt unser Herr zwar noch nichts von seiner Gemeinde, die er bauen wollte (Matthäus 16,18), aber er zeigt ein Prinzip auf: Dass Menschen im Namen Jesu zusammenkommen können und damit die Voraussetzung geschaffen wird, dass Gott mitten unter ihnen sein kann (1. Korinther 14,24-25).

Voraussetzung für die Gemeinschaft mit Gott ist, dass wir sündige Menschen in einen Zustand der Heiligkeit und Gerechtigkeit Gottes versetzt werden. Durch das Sterben unseres Herrn Jesus Christus ist nun die Möglichkeit gegeben, dass ein Mensch Vergebung all seiner Sünden bekommt, da ein anderer (Jesus Christus) die Folgen übernommen hat, und dass die Gerechtigkeit Jesu dem Sünder zugerechnet wird.

> *„Jetzt aber ist, ohne Gesetz, Gottes Gerechtigkeit geoffenbart worden, bezeugt durch das Gesetz und die Propheten: Gottes Gerechtigkeit aber durch Glauben an Jesus Christus für alle, die glauben. Denn es ist kein Unterschied, denn alle haben gesündigt und erlangen nicht die Herrlichkeit Gottes und werden umsonst gerechtfertigt durch seine Gnade, durch die Erlösung, die in Christus Jesus ist. Ihn hat Gott dargestellt zu einem Sühneort durch den Glauben an sein Blut zum Erweis seiner Gerechtigkeit wegen des Hingehenlassens der vorher geschehenen Sünden unter der Nachsicht Gottes; zum Erweis seiner Gerechtigkeit in der jetzigen Zeit, dass er gerecht sei und den rechtfertige, der des Glaubens an Jesus ist."* Römer 3,21-26

Damit hat Gott selbst die Voraussetzungen geschaffen, dass er inmitten von gerecht gesprochenen Menschen sein und Gemeinschaft mit ihnen haben kann. Ja, mehr noch, er hat sogar versprochen, **in** ihnen zu wohnen. Das heißt, dass er, der Gott des Himmels, mir so nah kommt, dass er **in** mir wohnt:

> *„Jesus antwortete und sprach zu ihm: Wenn jemand mich liebt, so wird er mein Wort halten, und mein Vater wird ihn lieben, und wir werden zu ihm kommen und Wohnung bei ihm machen."* Johannes 14,23

Fragen zum Nachdenken:

- Wo wohnt Gott?
- Wie kann Gott in mir wohnen?

JAHWE

4.

Geheiligt werde dein Name

Nichts ärgert mich mehr, als ein Anrufer, der sich nicht mit seinem Namen meldet. „Hallo?" - „Hier auch Hallo!" - Wie soll ich wissen, wer am anderen Ende der Leitung ist, wenn er sich nicht zu erkennen gibt. Viele wollen heute anonym bleiben. Man traut sich nicht, sich zu erkennen zu geben. Das Internet mit seinen Chaträumen und Foren unterstützt diese Anonymität ähnlich wie früher der CB-Funk. Hier geben sich Menschen Pseudonyme, Phantasie- bzw. Codenamen. Aphrodite spricht mit Xerxes, F2 mit Aschenputtel ... Man schlüpft für kurze Zeit in eine andere Rolle, bleibt unerkannt.

Früher gab man Menschen Namen, die ihre Herkunft, ihren Beruf oder ihr Wesen charakterisierten. Heute haben wir Vor- und Nachnamen, die wenig mit uns selbst zu tun haben, obwohl viele christliche Eltern heute vermehrt ihren Kindern Namen aus der Bibel geben, um ihnen irgendwie eine Bedeutung oder einen Wunsch beizumessen. Über meinen Namen war ich lange Jahre nicht glücklich: Der Vorname sagte nicht gerade eine tiefere Bedeutung aus, denn weder komme ich mir wie ein männliches Schwein vor, noch denke ich, dass ich so hart wie ein Eber bin.

Und auch der Nachmane ist eher platt als stilvoll. Inzwischen hab ich mich damit einigermaßen ausgesöhnt, da ich denke, es ist besser, Platte zu heißen, statt einen Namen zu haben, der meinem Umfang entspricht. Und da es eigentlich schlechtere Vornamen gibt, will ich damit auch zufrieden sein, zumal sich meine Frau offensichtlich nicht davon hat abschrecken lassen ...

Wie heißt Gott?

Namen kennzeichnen Personen. Mit Namen verbinden wir normalerweise Eigenschaften und Wesensmerkmale von Menschen. Durch Namen treten Menschen aus der Anonymität in die Beziehung zu uns und machen sich bekannt. Namen der Geschichte machen die Jahrhunderte lebendig und kennzeichnen Ereignisse, Erfindungen und Entdeckungen, prägen Kunst- und Kulturrichtungen. Wir mögen in der Schule darüber stöhnen, Namen und Jahreszahlen zu büffeln, aber sie helfen uns, die Geschichte und die Gegenwart zu verstehen und zu gliedern.

Gott bleibt nicht unerkannt! Er gibt sich zu erkennen. Er macht sich uns Menschen durch unterschiedliche Namen bekannt und möchte mit uns in eine persönliche Beziehung treten.

Weil Gott so groß und unfassbar ist, stellt er sich in seinem Wort, der Bibel, mit verschiedenen Namen vor. Sie sollen uns helfen, ihn von vielen Seiten her kennen zu lernen und zu verstehen.

Die nebenstehende Tabelle listet eine Reihe dieser Namen auf und zeigt uns etwas von der Größe und Allmacht, von der Heiligkeit, aber auch von der Fürsorge und Liebe Gottes.

Du erkennst Gott durch seinen Namen

Er ist der Schöpfer, der Allmächtige, der Immer-Seiende, der Höchste und Mächtigste, er ist der Herr. Er ist der Gott der Herr-

Wie heißt Gott?		
- Elohim	= Gott (Schöpfer)	1Mo 1,1
- El shaddai	= der Allmächtige	1Mo 17,1
- El Olam	= der Immerwährende	1Mo 21,33
- El Elyon	= der Höchste	1Mo 14,18
- El-Gibbor	= der Mächtige	Jes 9,5
- Adonai	= der Herr	1Mo 15,2
- Jahwe (HERR)	= der Ewig-Seiende	2Mo 3,14
- Jahwe-Elohim	= HERR Gott	1Mo 2,4
- Jahwe-jireh	= der HERR wird versehen	1Mo 22,13
- Jahwe-rapha	= der HERR, der dich heilt	2Mo 15,26
- Jahwe-nissi	= der HERR mein Panier	2Mo 17,2-15
- Jahwe-shalom	= der HERR unser Friede	Ri 6,24
- Jahwe-zidkenu	= der HERR unsere Gerechtigkeit	Jer 23,6
- Jahwe-shammah	= der HERR der Gegenwärtige	Hes 48,35
- Jahwe-Zebaoth	= der HERR der Heerscharen	1Sam 1,3
- Adonai-Jahwe	= Herr, HERR	1M 15,2
- Wunderbarer, Berater, starker Gott, Vater der Ewigkeit, Friedefürst		Jes 9,6
- Gott der Herrlichkeit		Apg 7,2
- Gott der Ehren		Ps 29,3
- der Gott des Friedens		Phil 4
- dein Gott		2Mo 20,2
- der Gott deines Vaters		2Mo 3,6
- der Gott Abrahams, Isaaks, Jakobs		2Mo 3,6
- Vater	= persönliche Beziehung	
- Jesus	= Jahwe ist Retter	
- Christus	= der Messias, der Gesalbte	
- König der Könige und Herr der Herren		Offb 19,16

lichkeit und der Gott der Ehren. Einmal fragt Jakob in Pniel ihn nach seinem Namen, als Gott diesen starken und eigenwilligen Mann in die Knie zwingt. Aber Gott gibt ihm in dieser Situation keine weitere Gottes-Offenbarung und damit keinen weiteren Gottes-Namen. Aber er gibt Jakob einen neuen Namen. Er will ihm damit deutlich machen, ich bin unwandelbar, aber du musst dich verändern lassen.

Als Mose Gott am Dornbusch in der Wüste kennen lernt und ihn nach seinem Namen fragt, damit er dem Volk Rede und Antwort geben könnte, antwortet Gott ihm:

> *„Ich bin, der ich bin. So sollst du zu den Söhnen Israel sagen: ‚Ich bin' hat mich zu euch gesandt. (...) Das ist mein Name in Ewigkeit, und das ist meine Benennung von Generation zu Generation."*
> 2. Mose 3,14-15

Und weiter erklärt er ihm in Kapitel 6,3:

> *„Ich bin Jahwe. Ich bin Abraham, Isaak und Jakob erschienen als Gott der Allmächtige; aber mit meinem Namen Jahwe habe ich mich nicht zu erkennen gegeben."*

Wenn also Gott in der Bibel sich mit einem Namen zu erkennen gibt, gibt er uns damit auch ein Stück Gottes-Offenbarung preis. Wir lernen ihn so kennen als den Jahwe, den „Ich bin, der ich bin", den Ewig-Seienden. Dieser Name soll uns verständlich machen, dass er der ist, der immer war, immer ist und immer sein wird. Man könnte diesen zeitlosen Namen auch so übersetzen:

Ich **bin**, der ich war; ich bin der ich bin; ich bin, der ich sein werde.
Ich **war**, der ich war; ich war, der ich bin; ich war, der ich sein werde.
Ich **werde sein**, der ich war; ich werde sein, der ich bin; ich werde sein, der ich sein werde.

Eine andere Bibelstelle drückt es in Bezug auf den Herrn Jesus so aus: *„Jesus Christus ist derselbe, gestern und heute und in Ewigkeit!“* Hebräer 13,8

Aber selbst dieser „ewige“ Name bekommt Namens-Erweiterungen: Der HERR, der dich heilt; der HERR, mein Panier; der HERR, unser Friede; der HERR, unsere Gerechtigkeit; der HERR, der Gegenwärtige; der HERR der Heerscharen.

Können wir etwas ahnen von der Größe des Namens Gottes, von der Größe Gottes selbst?!

Die Eltern Simsons hatten bisher wohl keine große Gotteserkenntnis gehabt und offensichtlich auch keine direkte Beziehung zu ihm. Doch das Erleben seiner Gegenwart und sein wundersames Handeln, die Erhörung ihrer Gebete und die Antwort Gottes auf ihre Fragen lassen sie zum Staunen kommen über die Person, das Wesen und die wunderbare Größe Gottes. So fragen sie nach seinem Namen. Und Gott antwortet ihnen:

„Warum fragst du denn nach meinem Namen? Er ist zu wunderbar!“ Richter 13,18

Gott zeigt ihnen, dass er noch weit größer ist als nur ein Name. Gott ist nicht zu begreifen, sondern nur zu bestaunen.

In seinem Sohn Jesus Christus macht er sich uns als der Wunderbare bekannt (Jesaja 9,5), als der Ratgeber, der starke Gott, der Vater der Ewigkeit und der Fürst des Friedens. Haben wir ihn so erkannt, den König der Könige und den Herrn der Herren? Und dieser große und unfassbare Gott und Herr möchte mein und dein ganz persönlicher Gott sein. Er verbindet sich mit uns Menschen. Wie sagt er es Mose:

„Ich bin der Gott deines Vaters, der Gott Abrahams, der Gott Isaaks und der Gott Jakobs.“ 2. Mose 3,6

Wo gibt es das sonst? In keiner Religion, in keiner Weltanschauung gibt es einen so persönlichen Gott, der sich mit uns Menschen verbindet und unser, mein Gott sein will. Er verbindet sich mit deinem Namen, wenn du ihm gehörst. Damit adelt er dich. Das ist mehr als wenn du den Namen eines berühmten Mannes bekommen oder als Adoptivkind eines Königs angenommen würdest. Er ist der Gott Abrahams, der Gott Isaaks und der Gott Eberhards!

Du erkennst die Bedeutung des Namens Gottes in seinem Tun

Ein einfaches Beispiel: Du erkennst einen Architekten an seinen Bauten, die er entworfen hat. Baustil und Ausführung verraten den Erbauer. Bei der Musik ist es nicht anders. Du erkennst einen Komponisten an seinen Werken. Und du erkennst einen Künstler an seinen Gemälden (vorausgesetzt, du hast dich ein wenig damit beschäftigt).

So ist Gott in seiner Schöpfung, in seinem Werk und Tun zu erkennen (vgl. Römer 1). Seine Größe, seine Weisheit, seine Kreativität. Adam erkannte Gott in der Kreatur, die er benennen sollte.

Ich habe den Eindruck, dass wir die Größe und Allmacht Gottes nicht mehr erkennen, weil wir in der Hektik der sogenannten Zivilisation gefangen sind. Wir sehen die Wunder der Schöpfung Gottes nicht mehr! Hast du dir die unzähligen Schneeflocken angesehen? Keine gleicht der anderen! Wo gibt es solche Kreativität, jede der abermillionen Flocken ist ein Unikat! Welche verschwenderische Vielfalt! - Wofür? - Damit du und ich zum Staunen kommen! Wir Deutschen hätten Schneeflocken schon längst in irgendeine DIN-Norm gepresst und kämen mit drei Rohformen aus. Aber Gott zeigt seine Schöpfervielfalt in jeder Schneeflocke neu!

Oder sieh dir die Regentropfen an! Hast du schon einmal beobachtet, wie Regentropfen auf den Asphalt fallen? Egal wie windig oder windstill es ist: Sie landen immer in harmonischen Abständen zueinander!

Oder beobachte die fallenden Blätter im Herbst! Wenn wir Menschen Dinge einfach fallen lassen, ist das in der Regel ein mittleres Chaos (mein Schreibtisch ist ein deutliches Argument dafür). Aber wenn Blätter fallen, liegen sie stets in harmonischen Proportionen zueinander. Und die Farben! Wofür macht Gott das? Für mich! Damit ich das Staunen über diesen wunderbaren Gott neu lerne! Ist der Schöpfer nicht der genialste Grafiker, Künstler, Musiker, Architekt und Baumeister?!

Beobachte das Farbenspiel des Himmels! Nur ein wenig verändert Gott die Luftfeuchtigkeit, ein wenig die Temperatur, ein wenig den Stand der Sonne und der Wolken: Immer wieder ergeben sich neue Farben und Farbkombinationen. Wofür? Die Tiere interessiert das alles nicht. **Du** sollst zum Staunen kommen und zur Anbetung über den Gott, dessen Name Wunderbar ist! Wie sagt es der Liederdichter Paul Gerhardt in seinem Lied „Geh aus mein Herz, und suche Freud ..." in der 8. Strophe: „Ich selber kann und darf nicht ruhn, des großen Gottes großes Tun erweckt mir alle Sinnen; ich singe mit, wenn alles singt, und lasse, was dem Höchsten klingt, aus meinem Herzen rinnen."

Der König David hat ganz offensichtlich ein gutes Auge für die Schöpfergröße Gottes gehabt. Wenn er als junger Mann die Herde seines Vaters hütete, war er ins Staunen über die Schöpfung gekommen. In Psalm 19 sagt er es so:

> *„Die Himmel erzählen die Herrlichkeit Gottes, und das Himmelsgewölbe verkündet seiner Hände Werk. Ein Tag sprudelt dem anderen Kunde zu, und eine Nacht meldet der anderen Kenntnis - ohne Rede und ohne Worte, mit unhörbarer Stimme. Ihr Schall geht aus über die ganze Erde und bis an das Ende der Welt ihre Sprache. Dort hat er der Sonne ein Zelt gesetzt. Und sie, wie ein Bräutigam aus seinem Gemach, tritt sie hervor; sie freut sich wie ein Held, die Bahn zu durchlaufen. Vom Ende des Himmels geht sie aus und läuft um bis an sein Ende; nichts ist vor ihrer Glut verborgen."* Psalm 19,2-7

Und in Psalm 8 sagt er:

> *„Wenn ich anschaue deine Himmel, deiner Finger Werk, den Mond und die Sterne, die du bereitet hast: Was ist der Mensch, dass du seiner gedenkst."* Psalm 8,4-5a

Ob wir uns den Makro- oder den Mikrokosmos ansehen, wir kommen ins Staunen über die Weisheit und Größe Gottes.

Du erkennst die Bedeutung des Namens Gottes in seinem Wort

Du erkennst einen Redner an seiner Stimme. Die Älteren unter uns werden bis heute die unverkennbare Stimme des Altkanzlers Konrad Adenauer im Ohr haben oder die Stimme Helmut Kohls oder Gerhard Schröders. Ich kenne einen lieben Bruder, der blind ist. Über sein Stimmgedächtnis staune ich immer wieder. Selbst in großen Menschenmengen hört er die einzelnen Personen an ihrer Stimme heraus. Wenn ich ihn ein Jahr nicht gesehen habe, weiß er sofort, wer mit ihm spricht, wenn ich nur „Guten Tag, Jörg!" sage.

Du erkennst einen Schriftsteller an seiner Schreibweise, seinem

Schreibstil. Du erkennst einen Sänger an seiner Stimme.

Du kannst Gott in seinem Wort erkennen und kennen lernen. Eine alte Schwester bekam Besuch von den Zeugen Jehovas. Sie versuchten, ihr die Lehre ihrer Gemeinschaft zu vermitteln und drangen in sie, ein Buch von ihnen zu behalten und zu lesen. Als sie nach einer Woche wiederkamen, um mit ihr über den Inhalt des Buches zu sprechen, gab sie ihnen das Buch zurück mit dem Kommentar: „Ich habe nur die ersten drei Seiten gelesen, da hab ich gemerkt: Es ist nicht die Stimme meines guten Hirten. Ich habe kein Interesse daran." Sie wusste, wir brauchen nicht alle falschen Stimmen zu kennen, um sie als falsch zu identifizieren. Wir brauchen nur die Stimme des guten Hirten, die Stimme Gottes, zu ken-

nen. Und die lerne ich in seinem Wort, der Bibel, kennen. Wenn du also Gott näher kennen lernen willst, lies sein Wort!

Du erkennst die Bedeutung des Namens Gottes in der Geschichte

Du erkennst einen Menschen an seiner Geschichte. Nicht umsonst erwartet jeder Arbeitgeber bei einer Bewerbung den Lebenslauf eines Bewerbers. Aus seiner Geschichte kann er den Menschen erkennen. Nicht anders ist es bei Gott. Er gibt sich uns Menschen in seiner Heilsgeschichte zu erkennen (mehr dazu in Kapitel 5: Dein Reich komme). Gottes Wort ist in erster Linie Heilsgeschichte und das Handeln Gottes ist nie losgelöst von der Geschichte Gottes mit uns Menschen.

Du erkennst die Bedeutung des Namens Gottes in seinem Sohn

Neulich lernte ich einige Jugendliche kennen, die meinen Sohn Timo kannten. Er leitet bei der Gefährdetenhilfe Scheideweg den Chor und ist dort im Pflanzenpark beschäftigt. Als wir kurze Zeit zusammen waren, meinten sie: „Sie haben aber viel von Ihrem Sohn!" - „Das mag so sein", antwortete ich, „schließlich hab ich vieles von ihm geerbt ..." -

Da beugen sich die Verwandten über das Bettchen des Neugeborenen und sind alle überzeugt: „Ganz der Vater!" Ja, es ist schon so, vieles vererben wir an unsere Kinder. Der Apfel fällt schließlich nicht weit vom Stamm. Als Adam seinen Sohn Set bekam, heißt es in 1. Mose 5,3: *„Und Adam lebte 130 Jahre und zeugte einen Sohn, ihm ähnlich, nach seinem Bild."*

Damit ist wohl weniger die äußere Ähnlichkeit gemeint, als vielmehr die innere Übereinstimmung. Manchmal mögen wir das fast beängstigend empfinden, wie ähnlich - auch in unseren negativen

Wesenszügen - uns unsere Kinder sind.

Auf positive Weise kann man das an dem Sohn Gottes, dem Herrn Jesus, sehen. Er ist typisch Gott. Er sagt von sich:

> *„Wenn ihr mich erkannt habt, werdet ihr auch meinen Vater erkennen."* Johannes 14,7
>
> *„Wer mich gesehen hat, hat den Vater gesehen."* Johannes 14,9
>
> *„Ich und der Vater sind eins!"* Johannes 10,30

Wenn ich also Gott kennen lernen will, muss ich den Herrn Jesus kennen lernen. Er ist das Abbild des Vaters. Gottes Wort sagt noch mehr von ihm: *„Er ist das Bild des unsichtbaren Gottes, der Erstgeborene aller Schöpfung."* Kolosser 1,15

> *„In ihm wohnt die ganze Fülle der Gottheit leibhaftig."* Kolosser 2,9

In der Person des Herrn Jesus wird mir der Name Gottes groß und verstehbar.

In dem Namen Gottes ist unsere Errettung begründet

Als der Herr Jesus geboren werden sollte, sagte der Engel dem Josef bereits diese Bedeutung seines Namens:

> *„Und du sollst seinen Namen Jesus (d.h. Jahwe, der Ewig-Seiende, ist Rettung) nennen; denn er wird sein Volk erretten von seinen Sünden."*
> Matthäus 1,21

Deshalb formuliert es Petrus bei seiner großen Pfingstpredigt, als er zu dem Volk spricht, so:

> *„Und es wird geschehen: jeder, der den Namen des Herrn anrufen wird, wird errettet werden."*
> Apostelgeschichte 2,21

Er zitiert damit eine alte Verheißung aus dem Propheten Joel Kapitel 3,1-5. Auch Paulus verweist auf dieses Wort:

> *„Denn jeder, der irgend den Namen des Herrn anrufen wird, wird errettet werden."*
> Römer 10,13

Was heißt es nun, den Namen Gottes zu heiligen?

Ich möchte es so ausdrücken: Dem Namen Gottes gebührt immer der erste Platz! In meinem Denken, in meinem Reden und in meinem Handeln.

„Heiligen" bedeutet so viel wie: absondern, von anderen Dingen separieren. Wenn ich etwas ganz Kostbares habe, das mir sehr viel wert ist, werde ich es besonders aufbewahren, werde besonders darauf acht haben und es schützen vor allen möglichen Schäden. Der Name Gottes, ja Gott selbst, darf für mich die allererste Stelle einnehmen! Ihm gebührt der erste Platz in meinem Herzen, in meinem Leben. Deshalb sagte Gott bereits im Gesetz:

> *„Du sollst den Namen des Herrn, deines Gottes, nicht zu Nichtigem aussprechen, denn der Herr wird den nicht ungestraft halten, der seinen Namen zu Nichtigem ausspricht."* 2. Mose 20,7

Für diesen großen und wunderbaren Gott, dessen Name mir seine Person bedeutsam macht und dessen Sohn ihn mir verstehbar werden lässt, für diesen Vater der Ewigkeit darf ich leben.

Und er adelt mich, indem er sich mit meinem Namen verbindet! Das ist das Größte: Gott, der Ewige, der Unwandelbare, der Heilige, Gerechte und Liebende verbindet sich mit meinem Namen. Er ist nicht nur der Gott Abrahams, der Gott Isaaks und der Gott Jakobs. *„Er schämt sich nicht, ihr Gott genannt zu werden"* (Hebräer 11,16). Ich darf also den Namen Gottes tragen! Er ist auch der Gott Eberhards!

Wo gibt es das sonst?! Es gibt keinen Gott, der sich so zu mir kleinem Menschen herabneigt, mich erlöst, errettet und befreit und mich emporhebt zu sich, um völlige Gemeinschaft mit ihm zu haben. Sollte ich da seinen Namen nicht heiligen? Sollte ich ihn nicht wert achten und besorgt darum sein, dass er nicht in den Schmutz gezogen wird?!

Fragen zum Nachdenken:

- Wie heißt Gott? Welche Namen Gottes kennst du?
- Was bedeuten die Namen Gottes für mich?
- Wodurch lerne ich Gott in seiner Persönlichkeit kennen?
- Was bedeutet es, den Namen Gottes zu heiligen?

NORTHE
SIDON
PHENIC
TIR
GALILEA SVPERIOR
IORDA
THE MEDITERANE SEA
POLEM
CARM
CANA
NAZARETH
LAKSAMACH NIT
GALILEA
WEAST
CESAREA
NAIM
CAPER
THRACONIT
BETSAI
SICH
MACD
CORAZIN
SAMARA
TIBERIA
LACGENEZAR
SILOE
IOPPE
ERNON
AMONIT
EMAVS
IORDA FL
LAKGADARA
IERICHO
BETHABARA
AZOT
IERVSA
EPHREM
MOABI
ASCALO
IVDA
BETANE
BETPHAGE
ASPHALTIS
PHILISTIN
BETHELHEN
ARABIA DESERTA
IDVMEA
SOWTH

5.

Dein Reich komme

Vor kurzem erhielt ich das kuriose Angebot eines Maklers, der eine Südseeinsel zum Eigentum anbot mit der Versicherung, dass diese Insel dann auch meinen Namen bekommen würde und ich Konsul dieses Eilands sein könnte. Man stelle sich vor, ein eigenes Stück Land, ein eigenes Territorium. Nun, das beigelegte Foto sah nach Urlaub und Erholung aus: Eine saftig grüne Insel in türkisblauem Meer, strahlend blauer Himmel und herrliche Brandung. Was will man mehr? Es stand leider nicht dabei, wie vielen diese Insel verkauft wird und ob überhaupt die Möglichkeit besteht, sie einmal im Leben zu sehen oder gar zu betreten. Sie können es glauben, ich habe dieses Angebot *nicht* angenommen. Genauso las ich neulich von dem Verkauf verschiedener Parzellen auf dem Mars. Anscheinend ist es ein verlockender Gedanke für viele Menschen, Eigentümer und Herrscher über ein eigenes Gebiet zu sein und damit seinen Namen zu verewigen.

Gottes Wort berichtet von einem ganz anderen, aber realen Reich. Gott hat es in seinem Wort dem Volk Israel versprochen und verheißen. Ein Reich, nicht im Jenseits, sondern hier auf der

Erde und unter der Regierung und Herrschaft Gottes. Warum hat Gott solch ein Reich angekündigt?

Wie kam es dazu?

Nun, die Bibel berichtet, dass Satan nach seiner Auflehnung gegen Gott aus der Himmelswelt hinabgestoßen wurde (Hesekiel 28). Der Herr Jesus nennt ihn wohl deshalb auch den Fürsten dieser Welt (Johannes 12,31; 14,30; 16,11). Nach dem Sündenfall des Menschen hatte Gott verheißen, dass der Nachkomme der Frau dem Widersacher, der alten Schlange, den Kopf zermalmen würde, das heißt ihn vernichten würde (1. Mose 3,15).

So ist der Teufel seitdem bemüht, diesen Plan Gottes zu vereiteln. Der Teufel ist nicht allwissend, aber er kennt die Aussagen und Prophezeiungen Gottes und so heftet er sich an die mögliche Linie der Verheißung, um den kommenden Herrscher zu vernichten. Wenn wir diese Linie in der Bibel einmal unter diesem As-

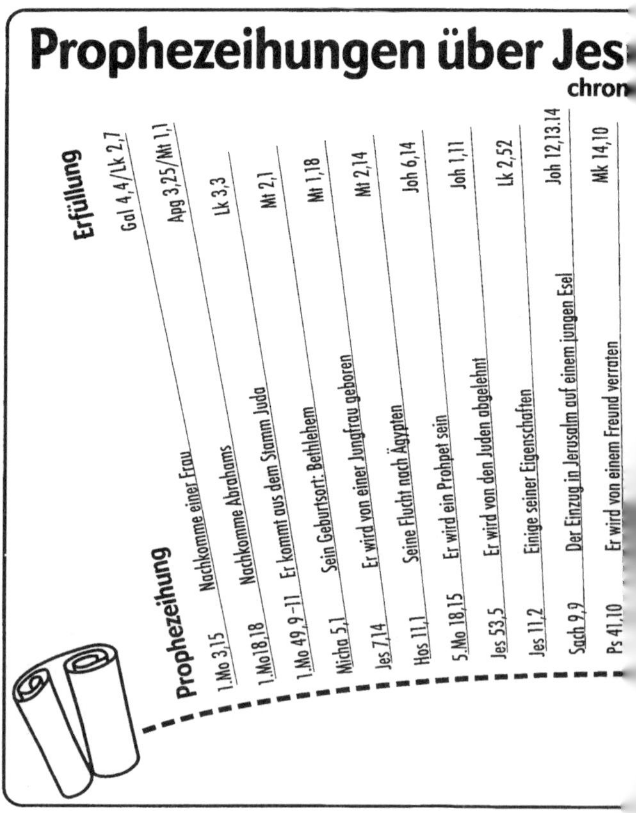

pekt verfolgen, liest sich die Heilsgeschichte wie ein spannender Krimi.

Jedes Mal, wenn Gott in seinem Wort wieder eine nähere Ankündigung gibt, versucht der Teufel, sich an diese Ferse zu heften.

Adam und Eva bekommen zwei Söhne: Kain und Abel. Wer von ihnen wird der verheißene Nachkomme sein? Eva scheint Kain als diesen zu erkennen, sie gibt ihm den Namen *„Ich habe einen Mann mit Gott erworben"*. Doch Abel scheint gottesfürchtiger zu sein. So stiftet Satan Kain dazu an, seinen Bruder zu ermorden. Er macht beiden unmöglich, die Verheißung Gottes weiterzutragen. Adam versteht etwas davon, indem er seinen nächsten Sohn Set (d.h. „Ersatz") nennt.

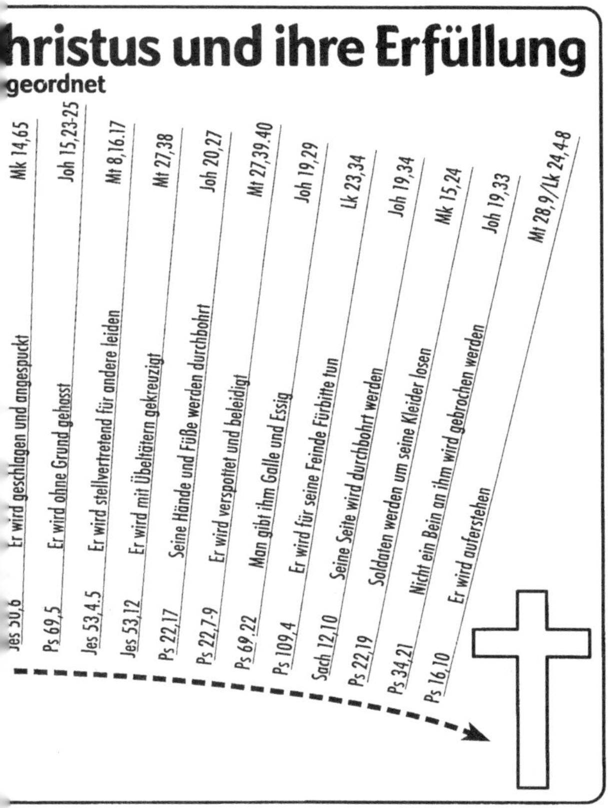

Denken wir an die Bemühungen des Feindes, den verheißenen Nachkommen in der Geschlechterfolge zu verhindern: Ham und Japhet sind nicht die Verheißungsträger, so konzentriert sich Satan auf die Nachkommen Sems.

Die Berufung Abrahams durch Gott und die Verheißung, dass in ihm alle Nationen gesegnet würden, lässt den Teufel wieder hellwach werden. Er konzentriert sich darauf, zu verhindern, dass Isaak geboren wird, nachdem Gott ihn verheißen hat. Wenn Gott nicht schützend seine Hände über Sara gehalten hätte in Ägypten und bei dem Philisterkönig Abimelech ... (1. Mose 13 und 20).

Dann gibt es die nächsten Turbulenzen in der folgenden Generation bei Esau und Jakob, dann bei den 12 Söhnen Jakobs. Wer wird der, der die Linie der Verheißung auf den Erlöser, den kommenden König, weiterträgt?

Es ist lohnenswert, unter diesem Aspekt durch die Bibel zu gehen: Die Zeit der Patriarchen, die Zeit der Richter, die Zeit der Könige, und selbst als dann der Messias, der Sohn Gottes, geboren wird, hören die Anschläge Satans nicht auf: Kindermord in Bethlehem, die Versuchung Jesu, die versuchte Tötung in Nazareth, die Verwerfung des Königs ...

Gott gibt seinen Plan vom Reich Gottes nicht auf

Immer genauer hatte Gott im Alten Testament die Ankündigungen des kommenden Reiches, seines Königs und seiner Regierung vermittelt (siehe auch die Grafik auf Seite 60-61 und die Übersicht auf Seite 63). Hier nur einige der Prophezeiungen, die sich auf den kommenden König beziehen:

- Der Verheißene wird Nachkomme einer Frau sein (1. Mose 3,15).
- Er wird Nachkomme Abrahams sein (1. Mose 18,18).
- Er wird aus dem Stamm Juda kommen (1. Mose 49,9-11).
- Er wird ein Prophet sein (5. Mose 18,15).
- Sein Geburtsort wird Bethlehem sein (Micha 5,1).
- Er wird von einer Jungfrau geboren werden (Jesaja 7,11).
- Er wird nach Ägypten fliehen müssen (Hosea 11,1).
- Er wird von den Juden abgelehnt werden (Jesaja 53,5).
- Einige seiner Wesensmerkmale werden genannt (Jesaja 11,2).

Die Verheißungen und die Verwirklichung des Reiches Gottes auf Erden:

1. **Es wird bereits im AT dem Volk Israel verheißen** (1Mo 49,10; 2Mo 19,6; 4Mo 24,17; Dan 4,3.26 u.a.).

2. **Es wird als Evangelium des Reiches durch Johannes d.T. verkündigt:** „Das Reich Gottes ist nahe gekommen" (siehe Mt 3,1-6).

3. **Es findet den Anfang der Verwirklichung durch das Kommen des Herrn Jesus:** „Das Reich Gottes ist mitten unter euch" (d.h. in der Person des Königs des Reiches Mt 4,23; Lk 17,20).

4. **Durch die Ablehnung und Verwerfung des Königs** (Lk 19,14; Mk 15,12) **wird das Reich weggenommen** (Mk 21,42) und findet sein vorläufiges Ende in der Zerstörung Jerusalems (Lk 19,43).

5. **In der Drangsal Israels wird es erneut gepredigt** (Mt 24,8-14).

6. **Das Reich Gottes wird im 1000-jährigen Reich verwirklicht.**

- Er wird auf einem Esel in Jerusalem einziehen (Sacharja 9,9)
- Er wird von einem Freund verraten werden (Psalm 41,10).
- Der Lohn des Verrats beträgt 30 Silberstücke (Sacharja 11,12).
- Er wird bei seiner Anklage schweigen (Jesaja 53,7).
- Er wird geschlagen und angespuckt (Jesaja 50,6).
- Er wird ohne Grund gehasst werden (Psalm 69,5).
- Er wird stellvertretend für andere sterben (Jesaja 53,4-5).
- Er wird mit Übeltätern gekreuzigt (Jesaja 53,12).
- Seine Hände und seine Füße werden durchbohrt (Psalm 22,17).
- Er wird verspottet und beleidigt (Psalm 22,7-9).
- Man wird ihm Galle und Essig geben (Psalm 69,22).
- Er wird für seine Feinde Fürbitte tun (Psalm 109,4).
- Seine Seite wird durchbohrt werden (Sacharja 12,10).
- Soldaten werden um seine Kleider losen (Psalm 22,19).
- Nicht ein Knochen wird an ihm zerbrochen (Psalm 34,21).
- Er wird auferstehen (Psalm 16,10).

Zur Zeit Daniels gibt Gott auch über das kommende Reich Gottes genauere Auskunft:

- Wann wird das Reich kommen? Daniel erklärt anhand des Traums Nebukadnezars vom Standbild, dass es nach der Herrschaft der Babylonier, der Medo-Perser, der Griechen und der Römer kommen wird (Daniel 2,31-35.44).
- Wer wird in diesem Reich herrschen und von welcher Dauer wird es sein? Nebukadnezar erkennt: *„Gottes Reich ist ein ewiges Reich und seine Herrschaft währt von Geschlecht zu Geschlecht"* und *„Die Himmel herrschen"* (Daniel 4,3.26).
- Wann wird der König kommen? Daniel prophezeit den Zeitpunkt genau (Daniel 9,24-27), zeigt aber auch, dass das Reich dann zeitweise *„hinweggetan"* werden wird.

Das Evangelium des Reiches Gottes

So konnten die Israeliten das Reich und die Ankunft des Messias exakt berechnen und einige in Israel waren auch in dieser Erwartung, als Johannes der Täufer ankündigte:

> *„Das Reich Gottes ist nahe gekommen.*
> *Tut Buße."* Matthäus 3,2

Doch sie erwarteten den Messias, den kommenden König, anders als der Herr Jesus auftrat. Sie dachten, dass er in Macht und Herrlichkeit erscheinen und sie von der Besatzung der Römer befreien würde. Sie glaubten nicht den Aussagen, dass der Christus zunächst leiden und sterben müsse. Diese Verheißungen des Alten Testaments hatte sie geflissentlich überlesen. Sie passten nicht in ihr Denkschema. Auch selbst für die Jünger des Herrn Jesus zerbrach eine Illusion, die sie sich gemacht hatten, als ihr Meister gekreuzigt wurde.

Insbesondere das Matthäus-Evangelium beschäftigt sich mit diesem Thema des Reiches Gottes und seines Königs. Der Herr Jesus wird hier als der König Israels vorgestellt und beschrieben. Hier finden wir den königlichen Stammbaum, der juristisch auf Josef mündet. Hier finden wir die großen Reden des Herrn als König.

Der Herr Jesus und seine Jünger verkündigten zunächst ebenfalls diese Botschaft des Reiches: *„Das Reich Gottes ist nahe gekommen!"* Deshalb lehrte er seine Jünger in diesem „Vaterunser" die Bitte auszusprechen: *„Dein Reich komme!"* Sie sollten in der Erwartung dieses Reiches sein und dementsprechend leben. Auf dieser Grundlage stellte er ihnen sein Regierungsprogramm in der sogenannten Bergpredigt vor. Sie ist die Grundlage, sozusagen das Regierungsprogramm dieses Reiches Gottes hier auf der Erde. Es ist auffallend, dass die Berpredigt sich nach wie vor auf dem Gesetz vom Sinai gründet. Man könnte sagen: Der „Gesetzgeber" erläutert, wie er sich die Gebote gedacht hat: *„Den Alten ist gesagt -*

Matthäus - das Buch des Königs Israels

▬ = 5 zusammenhängende Reden des Königs

1. Der König

der Stammbaum	1,1-17
seine Geburt	1,18-25
seine Kindheit	2,1-23
seine Taufe	3,1-17
seine Versuchung	4,1-11
Beginn seines öffentlichen Dienstes	

2. Das Königreich Bergpredigt (Die Bergpredigt)

Die Bürger	
Ihre Art	5,1-12
Ihr Einfluß	5,13-16
Die Reichsgesetze	
über den Mord	5,21-26
über Ehebruch	5-27-30
über Scheidung	5,31-32
über Meineid	5,33-37
über Vergeltung	5,38-42
über Feinde	5,43-48
über Almosen	6,1-4
über Gebet	6,5-15
über Fasten	6-6-18
über Geld	6,19-24
Nahrung + Kleidung	6,25-34
Gericht	7,1-6
Wer kommt in das Reich?	7,7-29

3. Dienst in Galiläa

Er offenbart seine Gottheit	
Seine Kraft über Krankheit	8,1-22
Seine Kraft über die Natur	8,23-27
Seine Kraft über Dämonen	8,28-34
Sündenvergebung	9,1-8
Matthäus tritt in seine Nachfolge	9,9-17
Macht über den Tod	9,18-26
Macht über Krankheit	
Er ruft und beauftragt für seinen Dienst (Befehle)	
Zeugnis über Johannes d.T.	11,1-19
Schilt die Städte	11,20-30
Beziehung zum Sabbath	12,1-13
Die Pharisäer verschwören sich	12,14-50

4. Die Geheimnisse des Königreiches

Gleichnisse (Gleichnisse)	
1. Der Säemann	13,1-23
2. Unkraut unter Weizen	13,24-43
3. Der Senfbaum	13,31-32
4. Der Sauerteig	13,33
5. Der Schatz	13,44
6. Die Perle	13,45-46
7. Das Fangnetz	13,47-58

5. Der Dienst des Königs in Galiläa und Dekapolis

Tod Joh.d. Täufers	14,1-13
Speisung der 5000	14,14-22
Wandelt auf dem Wasser	14,23-36
Weist Pharisäer ab	15,1-20
die syr.-phön. Frau	15,21-28
Pharisäer u. Sadduzäer	16,1-12
Das Bekenntnis Petrus	16,13-18
Die Verklärung	17,1-27
Der „unbarmherz. Diener“	18,15-35
wahre Größe d. Herrn	18,1-14

6. Lehren d. Königs in Peräa

Heirat u. Scheidung	19,1-12
über die Kinder	19,13-15
über die Reichen	19,16-26
die Arbeiter im Weinberg	19,27-20,18
Reise nach Jerusalem	20,29-34

7. Die letzte Woche

Einzug in Jerusalem	21,1-11
In seinem Haus	21,12-17
Der König u. seine Feinde	21,18-23,33
Das hochzeitl. Fest	22,1-14
Abschied von seiner Stadt	23,34-39
Der König als Prophet	24,1-51
Der König als Richter	25,1-46
Die Jungfrauen	
Die Talente	
Die Nationen	
Gesalbt zum Begräbnis	26,1-13
Passah	26,17-35
Gethsemane	26,36-46
Verrat und Festnahme	26,47-56
Versuchung	26,57-27,14
Verwerfung des Königs	27,15-26
Kreuzigung	27,27-56
Begraben	27, 57-66
Auferstehung	28,1-15
Der große Auftrag	

ich aber sage euch." Basis dieses Reiches ist das Halten der Forderungen Gottes (Matthäus 5-7), die Voraussetzungen sind die Buße (Matthäus 3,2) und die Neugeburt des Herzens (Johannes 3,3).

Wir finden in Bezug auf das Reich Gottes noch nichts von dem stellvertretenden Sterben des Herrn Jesus und nichts von der Leitung des Heiligen Geistes in den Glaubenden.

Bei einer Begebenheit sagt der Herr Jesus einmal den Juden, dass *„das Reich Gottes mitten unter"* ihnen sei (Matthäus 4,23). Es ist sozusagen in seiner Person als der kommende König schon gegenwärtig. Doch das Volk, und insbesondere die Obersten des Volkes, lehnten ihren König ab und verwarfen ihn (Lukas 19,14; Markus 15,12). So wurde das Reich Gottes weggenommen (Matthäus 21,42-43) und fand ein vorläufiges gewaltsames Ende mit der Zerstörung Jerusalems und der Zerstreuung Israels unter alle Völker.

Als nach der Auferstehung des Herrn Jesus seine Jünger ihn fragen: *„Stellst du in dieser Zeit für Israel das Reich wieder her?"* (Apostegeschichte 1,6),

zeigt er ihnen, dass vorher eine andere Zeit eintreten werde, in der sie seine Zeugen sein würden bis ans Ende der Erde: Wir nennen diese Epoche die „Zeit der Gemeinde" oder die „Zeit der Gnade". Hier wird nicht das Evangelium des Reiches, sondern das Evangelium der Gnade verkündigt (Apostelgeschichte 20,24).

Doch Gott wird dieses Reich zur Verwirklichung bringen

Nach der Entrückung (1. Thessalonicher 4,13ff), das heißt nach der Hinwegnahme der Gemeinde von der Erde, wird Gott in der darauf folgenden „Drangsal Israels" das Evangelium des Reiches erneut verkündigen lassen auf der ganzen Erde durch die auf den Messias wartenden Israeliten (Matthäus 24,8-14), sodass eine große Schar aus den Nationen zusammengebracht werden wird für das dann anbrechende Reich Gottes nach dem sichtbaren Kommen des Herrn Jesus als „König der Könige" in „Macht und großer Herrlichkeit". Dann wird dieses Reich endlich Wirklichkeit: eine unbeschreiblich gute Zeit unter der Herrschaft und Fürsorge des Messias Jesus Christus (Matthäus 25,31-46; Offenbarung 20,4-6).

Was aber ist das „Reich der Himmel"?

Ein anderer Begriff wird speziell im Matthäus-Evangelium gebraucht: „Das Reich der Himmel." Was ist darunter zu verstehen?

Zunächst einmal ist es nicht, wie Luther irrtümlich übersetzte, das „Himmelreich". Darunter verstehen die meisten Menschen einfach den Himmel. Nein, das „Reich der Himmel" bezeichnet

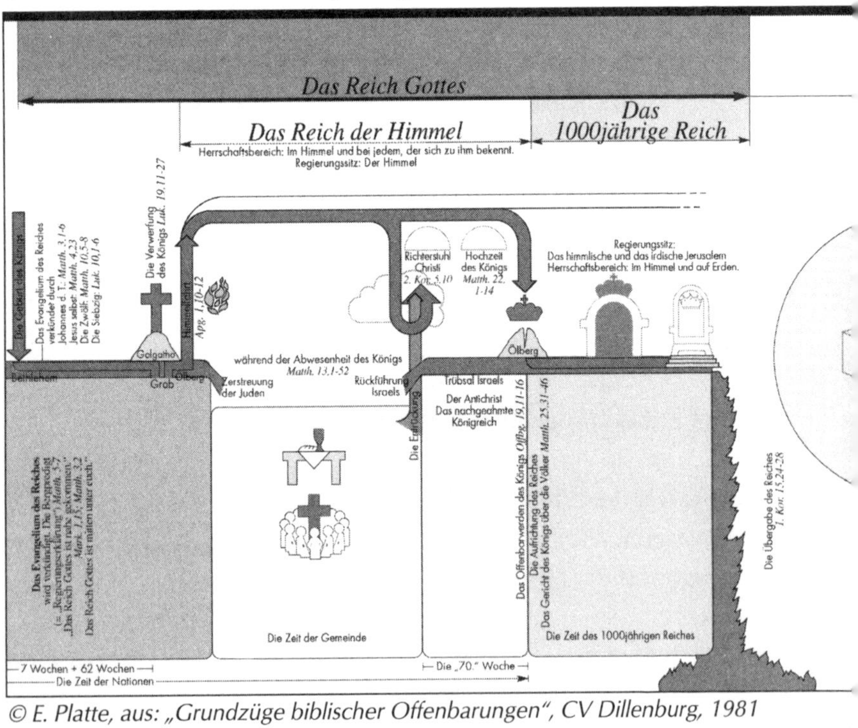

© E. Platte, aus: „Grundzüge biblischer Offenbarungen", CV Dillenburg, 1981

den Zeitraum des Reiches Gottes, in dem der König verworfen ist, also den Zeitabschnitt von der Himmelfahrt des Herrn Jesus bis zu seinem Kommen in „Macht und Herrlichkeit". Es ist der Zeitraum, in dem der König des Reiches vom Himmel aus regiert und nicht sichtbar hier auf der Erde ist (Siehe Grafik auf Seite 68).

Für Israel bedeutet dies in erster Linie die Zeit der sogenannten „Drangsal" oder „Trübsal Israels" vor dem zweiten Kommen des Herrn. Diese Einteilung ist überaus wichtig zum Verständnis der Gleichnisse im Matthäus-Evangeliums.

Die „3 Evangelien" und ihre 3 Bereiche

„Drei Evangelien?", wirst du fragen. „Was ist denn damit gemeint?" Ich will versuchen, es zu erklären:

1. Für Israel: Das Evangelium des Reiches Gottes

Wir haben in dem vorigen Abschnitt gesehen, dass Gott für Israel das „Evangelium des Reiches" gegeben hatte, die Botschaft also, die das zukünftige Reich unter der Herrschaft des Messias beinhaltet.*

2. Für die Gemeinde: Das Evangelium Jesu Christi

Als Zweites erwähnte ich das „Evangelium der Gnade", die Botschaft von dem stellvertretenden Sterben des Herrn Jesus, von der Vergebung der Sünden durch sein Blut. Es wird auch das Evangelium des Herrn Jesus, das Evangelium Gottes, das Evangelium des Christus genannt, das Evangelium des Sohnes, der Herrlichkeit, des Friedens und des Guten. Es ist die Botschaft, die wir heute einer verlorenen Welt verkündigen.**

3. Für die Völker (Heiden): Das ewige Evangelium

Dieses Evangelium wird in Offenbarung 14,6 erwähnt. Seine Botschaft ist offenbar das Reden Gottes durch seine Schöpfungs-

---

* (Mt 4,23; 9,35; 24,14; Mk 1,14; Lk 4,43; 8,1; 16,16)

** (Mk 16,15; Apg 20,24; Apg 11,20; 17,18; 2Thes 1,8; Röm 1,1; 15,16; 2Kor 11,7; 1Petr 4,17; Röm 1,7; 10,16; 15,19; 1Kor 9,12; 2Kor 2,12; 9,13; 10,14; Gal 1,7; 1Tim1,11)

werke, das eine Verehrung Gottes bewirken soll (vgl. Römer 1 und Psalm 19). Es redet durch alle Zeiten hindurch, sodass **jeder** Mensch, sofern er nicht mit dem Evangelium des Reiches oder mit dem Evangelium der Gnade bekannt wurde, durch das Schauen der Schöpfung Gott als Schöpfer erkennen und ihm die angemessene Ehre geben kann. Tut er dies nicht, unterliegt er dem gerechten Gericht Gottes (Römer 1,18 - 2,16).

Ein einfaches Schaubild zur Unterscheidung der 3 Bereiche

Mit der Zeichnung auf der rechten Seite kann ich zum einen nicht verheimlichen, dass ich ein ehemaliger Modelleisenbahnfan bin, zum anderen soll sie auf einfache Weise verdeutlichen, wie die 3 Evangelien die verschiedenen Menschengruppen erreichen sollen. Sie macht klar, dass Israel für die Zeit der Gnade „aufs Abstellgleis" gestellt wurde und erst nach der Entrückung von Gott wieder bedacht wird (vgl. Römer 9).

Wenn der Herr Jesus seinen Jüngern die Bitte in den Mund legte „Dein Reich komme!", so macht uns das heute klar, dass Gott durch die Geschichte hindurch zu seinem Ziel kommen wird.

Und unser Gebet darf in dieser Hinsicht im übertragenen Sinn die Bitte um das Wiederkommen unseres Herrn Jesus sein, der versprochen hat, uns zu sich zu holen. Auch das gehört zum Plan Gottes mit uns Menschen.

Fragen zum Nachdenken:

- Weshalb ist es wichtig, das Reich Gottes und das Reich der Himmel zu unterscheiden?
- Wo ist die Zeit der Gemeinde einzuordnen?
- Wie können wir im übertragenen Sinn beten „Dein Reich komme"?

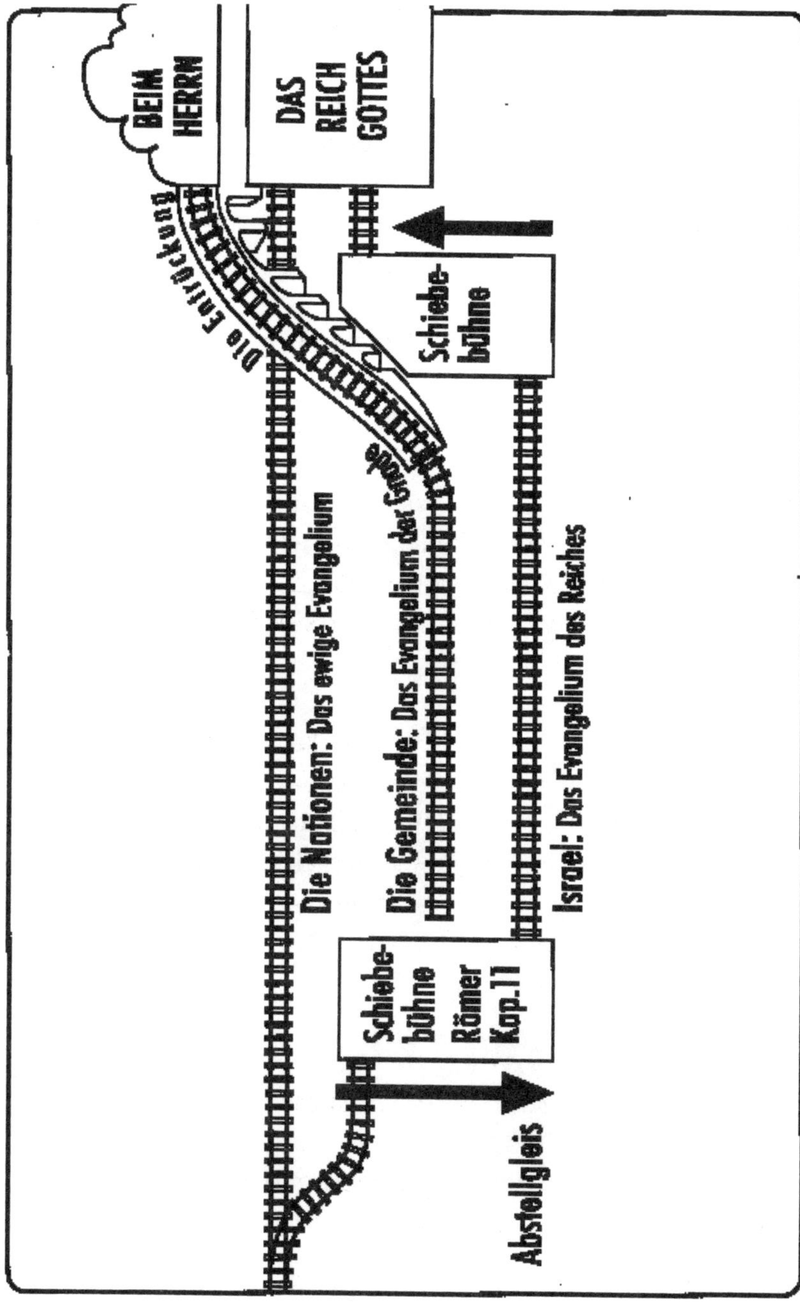
BEIM HERRN
DAS REICH GOTTES
Die Entrückung
Schiebe-bühne
Die Nationen: Das ewige Evangelium
Die Gemeinde: Das Evangelium der Gnade
Israel: Das Evangelium des Reiches
Schiebe-bühne Römer Kap.11
Abstellgleis

6.

Dein Wille geschehe, wie im Himmel so auch auf Erden

„Ich will nicht!“ Zornig stampft der Dreikäsehoch mit dem Fuß auf. „Ich will selber!“ Man braucht einem Kind den Widerstand und das „Nein!“ nicht beizubringen. Auch das Aufstampfen mit dem Fuß, das Türenknallen und Schreien hat wohl keiner seinen Kindern nahegelegt. Das steckt in jedem Menschen drin: der eigene Wille. Als unsere Pflegetochter mit 20 Jahren aus der Drogenszene zu uns kam, sagte sie mir gleich zu Beginn: „Ich habe noch nie einem Menschen gehorcht! Und dir werde ich auch nicht gehorchen!“ Nun, das macht das Miteinander keineswegs leicht. Wir Menschen sind geborene Egoisten nach dem Motto: „Hauptsache ich!“ Der Liederdichter sagt es mit anderen Worten: „Dreh dich doch nicht dauernd wie ein Kreisel um dich selbst ...“ und Theo Lehmann beschreibt es so: „Erst komm ich, und dann komm ich. Pausenlos geht es um mich! Was mich aus dem Strudel reißt, ist Herr, dein Geist.“

Wenn der Herr Jesus in dem obigen Gebet seinen Jüngern sagt, dass sie darum beten sollen, dass der Wille Gottes geschehen möge, dann steht das erst einmal im krassen Gegensatz zu unserem Eigenwillen.

Wir müssen zunächst bereit sein, uns damit zu befassen, was der Wille Gottes ist. Und zwar zum einen „im Himmel", das heißt, was sein ewiges Handeln betrifft, als auch das, „was auf der Erde" ist. Und das betrifft sicherlich konkret auch uns Menschen im persönlichen Bereich.

Was will Gott?

Nirgendwo sonst als in seinem Wort hat Gott uns seinen Willen erklärt. Zum einen ist es sein Anliegen, dass seine guten Pläne, die er mit der Welt - der himmlischen und der irdischen - seit Ewigkeit her hat, in der Heilsgeschichte umgesetzt und realisiert werden. Wenn auch der Teufel und der durch den Teufel gesteuerte Mensch sich dem Willen Gottes widersetzt, so kann nichts Gott aus seinem Konzept bringen. Für Gott kommt nichts überraschend! Er ist allwissend und zeitlos ewig. Von daher sind alle eventuellen Störfeuer des Feindes schon lange in den Plänen Gottes berücksichtigt. Deshalb kann nichts die Ausführung seines Willens verhindern. Und doch tun wir gut daran, dass wir - du und ich - uns dem Willen Gottes nicht nur unterordnen, sondern ihn uns auch zu eigen machen.

Eindeutig sagt uns Gott in seinem Wort seinen allgemeinen und grundsätzlichen Willen:

1. Gott will meine Errettung:

Er weiß, dass ich durch die Sünde aus der Gemeinschaft mit ihm gefallen bin und Erlösung brauche:

„Gott will, dass alle Menschen errettet werden und zur Erkenntnis der Wahrheit kommen."

1. Timotheus 2,4 (vgl. auch Matthäus 18,14)

2. Gott will meine Heiligkeit:

Sein erklärter Wille ist, dass ich als erretteter Sünder ein saube-

res Leben führe: *„Denn dies ist der Wille Gottes: eure Heiligkeit."*
1. Thessalonicher 4,3

Heiligkeit bedeutet so viel wie: vom Bösen getrennt und distanziert leben. Das heißt, obwohl ich in dieser Welt der Sünde lebe, halte ich doch keine innere Gemeinschaft mit der Sünde.

3. Gott will, dass ich verändert werde:

Ich darf zu Gott kommen, wie ich bin; aber ich brauche bei ihm nicht so bleiben, wie ich bin:

„Und seid nicht gleichförmig dieser Welt, sondern werdet verwandelt durch die Erneuerung eures Sinnes, dass ihr prüfen mögt, was der Wille Gottes ist: das Gute und Wohlgefällige und Vollkommene." Römer 12,2

4. Gott will, dass die Botschaft verkündigt wird:

Wenn Gott will, dass möglichst alle Menschen errettet werden, ist es logisch, dass er auch will, dass die Botschaft von der Errettung in meine Familie, in meine Nachbarschaft, in mein Land und in die weite Welt hinausgetragen wird:

„Geht nun hin und macht alle Nationen zu Jüngern, und tauft sie auf den Namen des Vaters und des Sohnes und des Heiligen Geistes, und lehrt sie alles zu bewahren, was ich euch geboten habe." Matthäus 28,19

„Geht nun hin in die ganze Welt und predigt das Evangelium der ganzen Schöpfung."
Markus 16,16

„Und ihr werdet meine Zeugen sein, sowohl in Jerusalem als auch in ganz Judäa und Samaria und bis an das Ende der Erde."
Apostelgeschichte 1,8

5. Gott will, dass durch mein Verhalten andere überzeugt werden:

Ein altes chinesisches Sprichwort sagt: Dein Leben redet lauter als dein Reden. Mein Leben soll eine Bestätigung meines Redens sein. Der Herr Jesus sagt einmal von sich: *„Ich bin durchaus das, was ich rede“* Johannes 8,25.

> *„Denn so ist es der Wille Gottes, dass ihr durch Gutestun die Unwissenheit der unverständigen Menschen zum Schweigen bringt.“*
> 1. Petrus 2,15

6. Gott will, dass Gemeinde gebaut wird:

Den Plan, dass Gott ein geistliches Haus gebaut wird, ein geistlicher Tempel, in dem er verherrlicht und geehrt wird, hatte Gott schon, bevor er die Welt geschaffen hat (Epheser 1,4). Es war ein Geheimnis bei ihm, das erst im Neuen Testament offenbart wurde. Der Herr Jesus deutet es bereits seinen Jüngern an:

> *„Ich will meine Gemeinde bauen!“* Matthäus 16,18 (vgl. das Buch „Gemeinde im Aufbruch“)

7. Gott will meine Dankbarkeit:

Wer errettet ist und sich von Gott geführt weiß, wird Gott für seine Gnade von Herzen danken und ihn verehren:

> *„Sagt in allem Dank! Denn dies ist der Wille Gottes in Christus Jesus für euch!“*
> 1. Thessalonicher 5,18

8. Gott will, dass ich einmal bei ihm bin:

Als der Herr Jesus in der letzten Nacht vor seinem Sterben zu seinem Gott und Vater betete, sprach er diesen Wunsch und Willen aus:

> *„Vater, ich will, dass die, welche du mir gegeben hast, auch bei mir seien, wo ich bin, damit sie meine Herrlichkeit schauen.“* Johannes 17,24

Welche Sehnsucht und welche Liebe spricht aus diesem Wunsch! Wie lieb muss er mich haben!

Wie erkenne ich den Willen Gottes speziell für mein Leben?

Da sitzt Christa vor mir. Sie hat eine Beziehung zu einem jungen Mann begonnen und möchte gerne wissen, ob es der Mann ist, den sie heiraten soll. „Ich bete jeden Tag darum, dass Gott mir ein Zeichen gibt. Aber es tut sich gar nichts! Was soll ich nur machen?“

Da geht ein junger Mann auf ein Mädchen zu und sagt ihr: „Gott hat mit gezeigt, dass du meine Frau wirst!“ Sie aber hat die Gewissheit überhaupt nicht und kommt nun in innere Zweifel, wie sie reagieren soll.

Da ist der Student, der nicht weiß, welchen Beruf er ergreifen soll oder ob er weiter studieren soll.

Da kommt ein junger Familienvater und möchte wissen, ob er sich in seinem Beruf selbständig machen soll oder nicht. Er kann das Risiko nicht einschätzen und hätte gerne von Gott eine Bestätigung, damit er sich sicherer fühlt.

Da fragt ein junges Ehepaar, ob sie es wagen sollen, in die Mission zu gehen oder ob sie weiter in der Gemeinde tätig sein sollten. „Was ist Gottes Weg für uns?“

Da sitzen wir als Vorstand der christlichen Gefährdetenhilfe zusammen und überlegen und beten, ob wir eine zweite Wohngemeinschaft beginnen sollen und ein weiteres Haus dafür erwerben dürfen.

Du könntest sicher weitere Beispiele aus deinem Leben und aus dem Leben deiner Freunde anfügen. Was ist allen Situationen gleich? Richtig: Alle sind in einer Entscheidungsphase und hätten gerne von Gott, dass er ihnen die Unsicherheit wegnimmt, die daraus entsteht, dass wir nicht wissen, wie unser Weg weitergeht.

Wie oft ist dieses Gebet des Psalmisten von uns nachgebetet worden: *„Lehre mich, Herr, deinen Weg, und leite mich auf ebenem Weg.“* Psalm 86,11; 27,11

Kann Gott nicht einfach einen Zettel vom Himmel fallen lassen mit der entsprechenden Antwort?

Natürlich, das wär das Schönste und Einfachste. Ich brauche keine Entscheidungen mehr zu treffen. Gott trifft sie für mich. Damit bin ich meine Verantwortung los und kann mich „hinter Gott verstecken", auch wenn etwas schief gehen sollte.

Aber stell dir vor, wenn Gott das täte, sähst du den Himmel vor lauter Zetteln nicht mehr. Und du könntest bald die Zettel nicht mehr unterscheiden, welcher für welche deiner Fragen ist! Das gäbe eine Menge Altpapier. Nein, so handelt Gott nicht.

Ja, wirst du sagen, aber in der Bibel finden wir doch auch solche Entscheidungshilfen. Denk an das Wollfell des Gideon in Richter 6 oder an das Tuch mit den Tieren, das für Petrus aus dem Himmel kam. Oder denk an die Vielen in der Bibel, zu denen Gott durch einen Traum gesprochen hat ...

Warum tut Gott das so heute nicht mit mir?

Ich möchte dir zunächst eine andere Frage stellen: Wenn Gott so mit dir handeln würde, wärst du bedingungslos bereit, den Willen Gottes zu tun? Wenn wir das Wort Gottes aufmerksam lesen, wird uns in vielen Punkten deutlich, was Gott von uns Menschen möchte. Er hat Prinzipien, die in seinem Handeln in der Geschichte sehr deutlich werden. Deshalb können wir sagen: Gott zeigt in erster Linie seinen Willen in seinem Wort, der Bibel, auf:

> *„Seid nicht töricht, sondern versteht, was der Wille Gottes ist."* Kolosser 1,9

Doch schauen wir uns erst einmal an, wie Gott in seinem Wort seinen Willen einzelnen Menschen gezeigt hat:

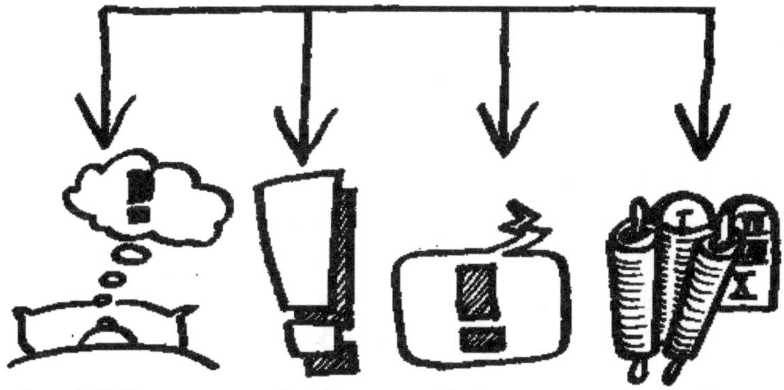

Wie hat Gott im Alten Testament seinen Willen klar gemacht?

Zur Zeit des Alten Testaments hatte er den Menschen noch nicht das Wort Gottes in schriftlicher Form abgeschlossen übermittelt. Deshalb zeigte er auf verschiedene Weise den Menschen seinen Willen:

1. durch Träume (denken wir z.B. an Josef, an Daniel usw.),
2. durch die Propheten, zu denen er in besonderer Weise sprach,
3. durch direktes Reden Gottes (bzw. durch Engel) und
4. durch das Gesetz vom Sinai (z.B. für all die vielen tagtäglichen Lebensentscheidungen).

Bei den meisten Fragen nach dem Willen Gottes im Leben der Menschen ging es weniger um ganz individuelle, sondern eher um prinzipielle Entscheidungen. Wenn konkrete Fragen anstanden wie etwa bei Gideon, sprach Gott direkt bzw. durch seinen Engel des Herrn zu ihnen und gab ihnen Anweisungen. Aber selbst wenn Gott klare Hinweise aussprach, stand es dem Menschen frei, den Anordnungen zu gehorchen oder nicht. Doch machte Gott auch klar, dass der Mensch bei Ungehorsam die Folgen zu tragen hatte.

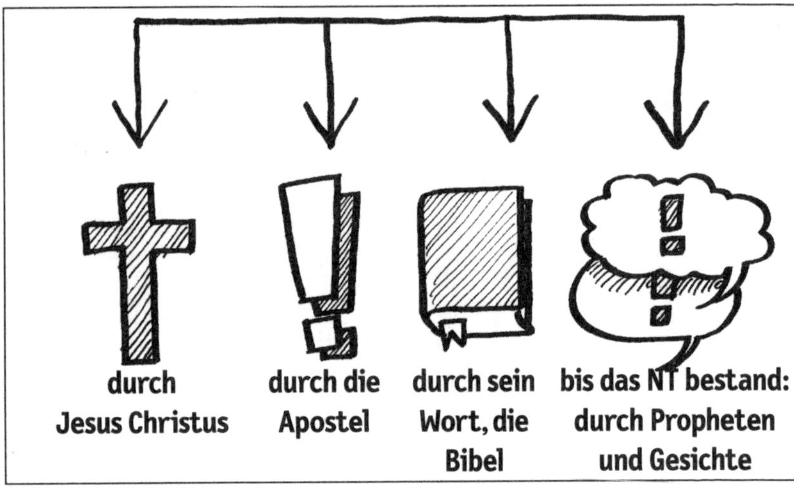

Wie machte Gott im Neuen Testament seinen Willen klar?

In Hebräer 1,1 sagt die Schrift:

> *„Nachdem Gott vielfältig und auf vielerlei Weise ehemals zu den Vätern geredet hat in den Propheten, hat er am Ende der Tage zu uns geredet im Sohn."*

Das heißt: Gott macht uns im Neuen Testament seinen Willen hauptsächlich klar

1. durch das, was der Herr Jesus gesagt und getan hat,
2. durch das, was die Apostel im Auftrag Gottes gesagt haben,
3. durch sein Wort, die Bibel,
4. durch Propheten (in der Zeit, in der das Neue Testament noch nicht vollendet war, z.B. Agabus in Apostelgeschichte 11,28 und 21,10) oder auch durch Gesichte (Apostelgeschichte 16,9).

Wenn ich also eine Frage zur Entscheidung in meinem Leben habe, muss ich zuerst immer fragen: „Steht es in Übereinstimmung mit dem, was Gott bereits in seinem Wort mitgeteilt hat?"

Ich kann also bei Entscheidungen nicht erwarten, dass Gott mir eine Sondererlaubnis gibt für etwas, was gegen sein Wort ist. Wenn also Christa die Beziehung zu einem ungläubigen Mann fortsetzen und ihn heiraten möchte, braucht sie weder einen „Zettel aus dem Himmel" noch ein „Fell auslegen", sondern kann sich nur an das Wort halten, das Paulus in 2. Korinther 6,14-15 sagt:

> *„Geht nicht unter fremdartigem Joch mit Ungläubigen! Denn welche Verbindung haben Gerechtigkeit und Gesetzlosigkeit? Oder welche Gemeinschaft Licht mit Finsternis? Und welche Übereinstimmung Christus mit Belial? Oder welches Teil ein Gläubiger mit einem Ungläubigen?"*

Das Gleiche trifft zu, wenn ein gläubiger Geschäftsmann eine Firma mit einem Ungläubigen aufmachen möchte. Gott erteilt nicht „Sondergenehmigungen", die gegen sein Wort sind.

Mir persönlich ist im Hinblick auf die Wahl meiner Frau der Tipp eines Jugendleiters wichtig und hilfreich gewesen. Er sagte mir damals: „Eberhard, wenn du einmal heiraten solltest, merke dir Folgendes: Wenn zwei Gläubige heiraten, sollte doppelt so viel für den Herrn dabei herauskommen!" Für diesen Rat bin ich ihm sehr dankbar und ich darf freudig bezeugen, dass ich dankbar bin für die geistliche Verstärkung, die ich durch meine Frau bekommen habe!

Ein weiterer Grundsatz, der stets den Segen Gottes nach sich zieht, ist die Aussage des Herrn Jesus in der Bergpredigt:

> *„Trachtet aber zuerst nach dem Reich Gottes und nach seiner Gerechtigkleit! Und dies alles wird euch hinzugefügt werden."* Matthäus 6,33
> (Bitte den ganzen Abschnitt lesen: 6,24-34)

Daraus ergibt sich, dass Gott und seine Sache an der ersten Stelle stehen sollte. Dazu wird sich Gott bekennen.

Was hindert mich, den Willen Gottes zu tun?

Zwei Beispiele aus dem Alten Testament zeigen, was in unserem Leben Hinderungsgründe sein können, den Willen Gottes zu tun:

1. Als Mose gegen Ende der Wüstenwanderung ein zweites Mal auf Anweisung Gottes für das Volk Israel Wasser aus dem Felsen geben sollte (4. Mose 20,7-12), hatte Gott ihm ausdrücklich gesagt, dass er nicht wie beim ersten Mal den Felsen schlagen, sondern zu ihm reden sollte. Warum tat Mose es doch und war damit dem Willen Gottes ungehorsam? Wenn wir die Begebenheit aufmerksam lesen, merken wir schnell: Es war Unmut, Gereiztheit und Zorn, der Mose zu diesem Ungehorsam verleitete. Es war das Vertrauen auf die „alte" Erfahrung von damals.

2. Als Saul auf Anordnung Gottes die Feinde Israels schlagen sollte (1. Samuel 15,2-23) verschonte er den König Agag und das Beste der Beute. Er meinte, es besser zu wissen als Gott. Samuel musste ihm sagen, dass Eigenwille wie Götzendienst ist.

Ferner finde ich oft, dass Angst vor Verzicht, Angst vor vermeintlicher Blamage, Angst vor den Konsequenzen oder die Angst vor völliger Hingabe mich daran hindern, Gottes Willen wirklich zu tun. Kann ich mit dem Liederdichter sagen: „Hier hast du meine beiden Hände, nun mache mit mir, was du willst"?

Konkret möchte ich dir folgende Fragen stellen, vielleicht trifft der ein oder andere Tatbestand auf dich zu:

- Was hindert dich, dich zu bekehren?
- Was hindert dich, dich taufen zu lassen?
- Was hindert dich, am Brotbrechen teilzunehmen?
- Was hindert dich, mit anderen in Frieden zu leben?
- Was hindert dich, wirklich Gott zu dienen?
- Was hindert dich, missionarisch aktiv zu werden?
- Was hindert dich, dich um andere Menschen zu kümmern?
- Was hindert dich, zuerst nach Gottes Reich zu trachten und alles andere Gott zu überlassen?

Durchschneide den Knoten, der dich hindert, Gott gehorsam zu sein und Gottes Willen, den du eigentlich schon lange erkannt hast, wirklich zu tun! Sag es ihm im Gebet und tue Busse darüber, dass du manche Punkte seines Willens für dich ausgeklammert hast.

Was sind die Voraussetzungen, den Willen Gottes für dein Leben zu erkennen?

Als Jugendliche haben wir oft im Jugendkreis gesungen: „Mein Wille gehört meinem Gott, ich traue auf Jesus allein!" Mir ist sehr gut in Erinnerung, dass dieses Lied mir immer Mühe gemacht hat. Auf der einen Seite hatte ich schon den Wunsch, Gott zur Verfügung zu stehen, auf der anderen Seite hab ich dieses Lied stets nur sehr zögernd und leise mitgesungen, weil ich die Konsequenz fürchtete. In wie vielen unserer Lieder sagen wir unserem Herrn, dass wir ihm gehorchen und folgen wollen - und wie sieht unser tägliches Leben aus!? Salomo, der Prediger, sagt es so:

> *„Gib mir, mein Sohn, dein Herz und lass deine Augen Gefallen haben an meinen Wegen!"* Prediger 23,26.

Wem gehört mein Herz, die Zentrale meines Willens? Wem gehöre ich? Von den Mazedoniern kann Paulus sagen:

> *„... sie gaben sich selbst zuerst dem Herrn und dann uns durch Gottes Willen."* 2. Korinther 8,5.

Welch ein nachahmenswertes Zeugnis! Kann ich wirklich meine Wünsche, meinen Willen zurückstellen? Kann ich dem Beispiel des Herrn Jesus folgen, der seinem Vater selbst in schwerster Stunde versprach:

> *„Nicht mein, sondern dein Wille geschehe!"* Lukas 22,42.

Zur Erleichterung möchte ich hier einige Voraussetzungen aufführen, um Gottes Willen für mein Leben zu erkennen:

- ein Leben im Hören auf Gottes Wort,
- ein Leben in der Vergebung,
- ein Leben im Frieden mit anderen,
- ein Leben in der Disziplin meiner Gedanken und Gefühle,
- ein Leben in der Abhängigkeit von Gott,
- ein Leben in der Heiligung,
- ein Leben in der Bereitschaft, den Willen Gottes zu tun und im Wissen, dass Gott es gut mit mir meint, auch wenn sein Wille mich anders als erwartet führt (Römer 8,23).

Fragen zum Nachdenken:

- Was ist Gottes Wille?
- Was hindert mich, den Willen Gottes zu tun?
- Wie erkenne ich den Willen Gottes für mein Leben?

Wie erkenne ich den Willen Gottes?
Wie gehe ich praktisch vor?

1. **Bete anhaltend!**

2. **Lies die Bibel!**

3. **Setz die Sache Jesu an die erste Stelle!**

4. **Such geistlichen Rat!**

5. **Stell dir folgende Fragen:**
   - **Ist es im Einklang mit der Schrift?**
   - **Bringt es mich näher zum Herrn?**
   - **Bringt es andere Menschen näher zum Herrn?**
   - **Was würde Jesus tun?**
   - **Wird Gott dadurch groß gemacht?**

6. **Hast du inneren Frieden darüber? Dann geh getrost und sicher den Weg in der Zuversicht zu deinem Herrn!**

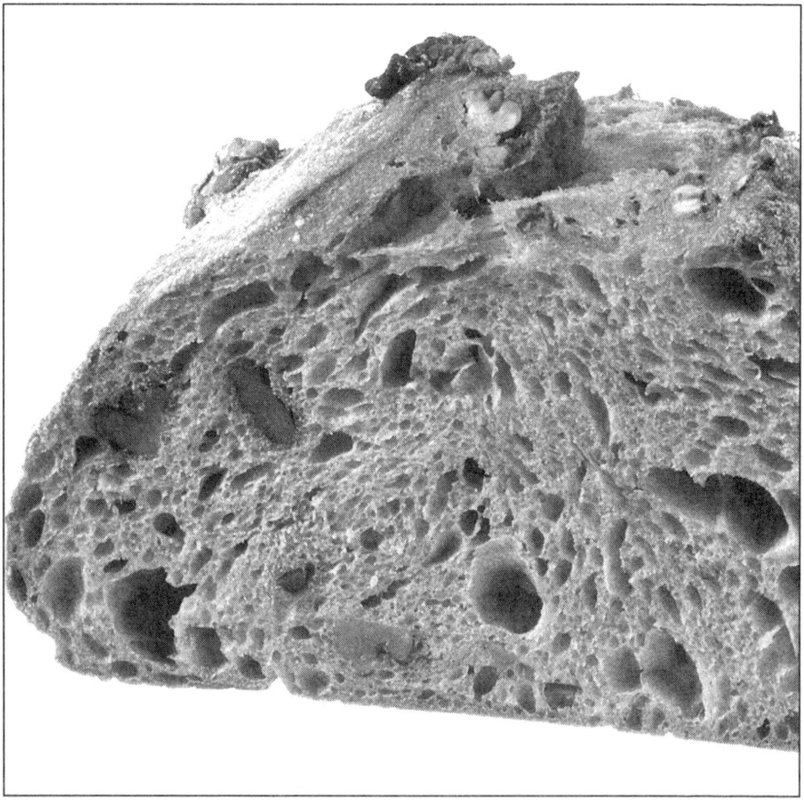

7.

Unser nötiges Brot gib uns täglich

Bist du schon einmal von „Raben" versorgt worden? Wir schon. Und das kam so: Wir waren in meinem Elternhaus 4 Geschwister. Unsere Eltern haben uns schon früh mit in die Gemeinde genommen und uns von klein auf den Jesus Christus als Herrn und Heiland lieb gemacht. So kannten wir auch die biblische Geschichte aus 2. Könige 16, in der berichtet wird, wie Gott den Propheten Elia während einer großen Hungersnot vor dem grausamen und unberechenbaren König Ahab versteckte und eine Schar Raben beauftragte, ihn mit Essen zu versorgen. Das hört sich sehr wundersam an und viele Menschen stellen solche Berichte in den Bereich der Fabeln und Märchen. Aber dass für Gott kein Ding unmöglich ist, haben wir auch erlebt:

Wir Kinder waren zum Teil noch im schulpflichtigen Alter, als unser Vater sich innerlich von Gott gerufen wusste, seinen Beruf als Prokurist in einer mittelständischen Firma aufzugeben, um - wie man in unseren Kreisen zu sagen pflegte - „vollzeitlich ins Werk des Herrn zu gehen". Das bedeutete, dass die verantwortlichen Brüder der Gemeinde ihm Mut gemacht hatten, die Gemeinden in Deutschland zu besuchen, Bibelwochen zu halten und die Gemeindeglieder der Gemeinden seelsorgerlich zu betreuen. Das hieß, dass er sein sicheres Gehalt aufgab und wir in Zukunft allein von den Spenden zu leben hatten, die er von den Gemeinden bekommen würde. Im Vertrauen auf Gott sagte er zu diesem Schritt ja, innerlich gewiss, dass Gott die Familie ernähren würde.

Doch kaum hatte er seine Arbeitsstelle gekündigt, kam die erste Glaubensprüfung: Er wurde für längere Zeit ernstlich krank. Wie sollte die Familie nun ernährt werden? Ich darf bezeugen, ich habe Vater nie klagen hören, er vertraute weiter auf seinen Herrn in der ruhigen Zuversicht, dass der, der ihn berufen hatte, auch für das nötige Brot täglich sorgen würde.

Und so geschah es auch: An jedem Samstagmorgen geschah für uns das „Rabenwunder". Es klingelte an der Wohnungstür und wenn wir Kinder öffneten, stand ein großer Karton mit frischem Brot auf der Fußmatte. Nie haben wir den Spender zu Gesicht bekommen, auch wenn wir uns noch so sehr beeilten. „Das sind die Raben", pflegte Vater zu sagen, und wir dankten unserem treuen Herrn und staunten über so viel frisches Brot. Es reichte immer gut für eine ganze Woche, manches Mal war es sogar so viel, dass wir noch an unsere Nachbarn im Haus abgeben konnten.

Die „Raben" kamen ein ganzes Jahr lang, bis Vater so weit genesen war, dass er die Gemeinden besuchen konnte und die Spenden fürs Leben ausreichten.

Ja, unser Gott ist groß und noch genauso wie bei Elia in der Lage, die Seinen zu versorgen. Wir haben uns nur in unserer zivilisierten Welt so sehr daran gewöhnt, dass wir stets genug Geld zur Verfügung haben, um unseren täglichen Bedarf - und weit darüber hinaus - einkaufen zu können.

Ich denke, dass die nachfolgende Generation kaum mehr den Bezug zwischen dem „Geber aller guten Gaben" und unserer täglichen Versorgung nachvollziehen kann. Und auch wir selbst stehen in der Gefahr, uns keine Gedanken mehr über einen gedeckten Tisch zu machen. Wir nehmen alles so selbstverständlich. Wir gehen zur Bank, holen Geld, kaufen ein, gehen essen oder lassen das Pizza-Taxi kommen. Alles ist da und alles reichlich. Was bedeutet für uns das Gebet noch, das der Herr Jesus seine Jünger lehrt: *„Unser nötiges Brot gib uns täglich!“* (Lukas 11,3) und *„Unser tägliches Brot gib uns heute!“* (Matthäus 6,11)?

Aber so selbstverständlich ist das alles nicht. Wie anders erleben viele, viele Menschen auf unserer Erde die tägliche Frage der Ernährung!

„Wieso?“, wirst du fragen. „Ich arbeite fleißig und deshalb hab ich auch zu essen.“ Stimmt das? Wie viele arbeiten täglich hart und haben doch kaum das Nötigste zum Leben! Wie dichtete Matthias Claudius 1783:

„Wir pflügen und wir streuen den Samen auf das Land;
doch Wachstum und Gedeihen steht in des Himmels Hand:
der tut mit leisem Wehen sich mild und heimlich auf
und träuft, wenn heim wir gehen, Wuchs und gedeihen drauf.
Er sendet Tau und Regen und Sonn- und Mondenschein
und wickelt seinen Segen gar zart und künstlich ein
und bringt ihn dann behende in unser Feld und Brot;
es geht durch unsre Hände, kommt aber her von Gott!
Alle gute Gabe kommt her von Gott, dem Herrn,
drum dankt ihm, dankt, drum dankt ihm, dankt
und hofft auf ihn!“

Brot aus dem Himmel

Ein schönes Beispiel für die tägliche Abhängigkeit vom himmlischen Vater in der Versorgung ist der biblische Bericht in 2. Mose 16: Gott versorgt 40 Jahre lang Tag für Tag sein Volk mit dem „Brot aus dem Himmel“, dem Manna. Man stelle sich das vor: Ein mindestens 2 Millionen-Volk wird täglich ausreichend versorgt! An diesem Geschehen will Gott uns klar machen, was Abhängigkeit bedeutet. Jeder Familienvater musste frühmorgens außerhalb der Zeltstadt so viel einsammeln, wie er für seine Familie brauchte. Langschläfer hatten bei Gott keine Chance! Und zum Einsammeln musste man sich vor Gott bücken. Abhängigkeit von Gott bedeutet nicht Faulheit und Ausruhen, sondern gebeugte Knie, also viel Gebet!

2000 Waisenkinder werden versorgt!

Ein Mann, der das in besonderer Weise erfahren und praktiziert hat, war Georg Müller, der Waisenvater von Bristol.

Wenn ich früher seine Geschichte gelesen habe, dachte ich: Das sind vergangene Zeiten! Ja, damals, da wirkte Gott mächtig! Wenn ich nur an das Bekenntnis Müllers denke: „Nicht nur einmal oder fünfmal oder fünfhundertmal, sondern tausendmal während der 60 Jahre hatten wir weder in bar noch in Lebensmitteln genug für auch nur eine Mahlzeit; aber nicht ein einziges Mal haben wir oder die Waisen hungern müssen oder eines Guten gemangelt."

Nach etlichen Jahren des Betrugs, der Ausschweifung und der Lüge hatte sich Georg Müller (1805-1898) während seiner Studentenzeit in Halle/Saale von ganzem Herzen bekehrt. Schon bald reifte in ihm der Gedanke, Missionar zu werden, um vielen Menschen das Evangelium der Gnade zu bringen, die er selbst erfahren hatte. Er ging nach England, um dort unter Juden zu arbeiten. Eine kleine Gemeinde in Taignemouth berief ihn trotz seiner Jugend zu ihrem Prediger.

Bereits 1830 entschloss er sich, kein festes Gehalt mehr anzunehmen, da er die Praktiken der Geldbeschaffung dieser Gemeinde nicht innerlich mittragen konnte. Von dieser Zeit an begann er, Tagebuch zu führen, sodass wir bis heute in seine Nöte, sein Gebet und die erfahrene Gotteshilfe Einblick nehmen können. Er beschloss, keine Schulden zu machen und keine Spenden anzunehmen, die aus Ehrgeiz, unwillig oder von Ungläubigen gegeben wurden. Das Prinzip seines Lebens wurde: „Unabhängig von Menschen - abhängig von Gott!"

Im Jahr 1832 siedelte er nach Bristol um. Durch die Beschäftigung mit dem Lebenszeugnis August Hermann Franckes angeregt, dessen Anstalten er in Halle kennen gelernt hatte, begann er 1833 arme Kinder zu sammeln, ihnen Frühstück und Unterricht zu geben. Ebenso prägten ihn die Lebensbilder Newtons und Whitefields durch ihre völlige Hingabe und ihre brennenden Herzen für Gott und die Verlorenen.

Durch das Psalmwort *„Tue deinen Mund weit auf, und ich will ihn füllen"* (Psalm 81,11) wurde sein Glauben gestärkt, alles, wirklich alles allein von Gott zu erwarten. Wenn er dabei anhaltende Ungewissheit über einen einzuschlagenden Weg verspürte, bedeutete das für ihn die Anweisung zu weiterem Warten und anhaltendem Gebet.

Zwei stellvertretende Beispiele

Einmal (im Jahr 1841) gab eine arme Frau 2 Pence (ca. 8 Cent) und fügte hinzu: „Es ist nur eine Kleinigkeit, aber ich muss sie Ihnen geben!" Und wie gelegen kamen diese zwei Pence! Sie fehlten gerade noch an dem Geld, das sofort für das nötige tägliche Brot gebraucht wurde. Ende Oktober 1845 wurde es Georg Müller klar, dass er statt der angemieteten beschränkten Wohnungen für die an Zahl zunehmenden Waisenkinder das erste neue Waisenhaus bauen sollte.

Würde Gott solch große Summen zur Verfügung stellen? Allein das Grundstück sollte umgerechnet ca. 25.000 Euro kosten! 36 Tage nachdem Georg Müller mit seinen Mitarbeitern angefangen hatte, dafür zu beten, erhielt er den ersten großen Betrag. Drei Tage später bot sich ein gläubiger Architekt freiwillig an, nicht nur die Pläne zu zeichnen, sondern auch unentgeltlich den Bau zu leiten. Dieses Anerbieten wurde als ein Zeichen gesehen, dass Gott mit dem Vorhaben einverstanden sei. (Insgesamt wurden in den kommenden Jahren 5 Waisenhäuser erstellt, sodass 2000 Waisenkinder versorgt und unterrichtet werden konnten.)

Vergangene Zeiten?

Die Konsequenz dieses bedingungslos praktizierten Glaubens und die tatsächliche Erfahrung der Erhörung seiner Gebete ist das, was mich stets beim Lesen dieser Berichte faszinierte und in Staunen versetzte. „Sind das vergangene Zeiten? Ist Gott heute nicht mehr so zu erleben? Oder war Georg Müller vielleicht ein ‚Lieblingskind' Gottes?" Das waren immer wieder meine Fragen, bis ich merkte, dass das Geheimnis Georg Müllers fünf Punkte waren, die er als Gottes Bedingungen erhörlichen Gebets erkannt hatte und ohne Wenn und Aber anwandte:

1. Völliges Vertrauen auf das Verdienst und die Fürbitte des Herrn Jesus als den einzigen Grund jeglichen Anspruchs auf Segen (s. Johannes 14,13.14; 15,16 u.a.).
2. Trennung von jeder bewussten Sünde. Wenn wir Unrechtes vorhaben in unseren Herzen, wird uns der Herr nicht erhören, denn das würde ein Gutheißen der Sünde sein (Psalm 66,18).
3. Glauben an Gottes Verheißung, die durch seinen Eid bekräftigt ist. Nicht an ihn glauben, heißt, ihn zum Lügner und Meineidigen zu machen (Hebräer 11,6; 6,13-20).
4. Bitten nach seinem Willen; unsere Beweggründe müssen gött-

licher Art sein (1. Johannes 3,22; 5,14; Jakobus 4,3).

5. Anhalten im Gebet. Es muss ein Warten auf Gott sein, wie der Ackersmann auf die Frucht der Erde wartet (Jakobus 5,7; Lukas 18,1-8).

Gott erleben heute?

Ja, es stimmt: Auch heute ist Gott zu erleben! Auch heute tut Gott Wunder. Wir dürfen ihn wie Georg Müller vertrauensvoll im Gebet an seine Zusagen erinnern:

„Du bist ein Gott, der Gebet erhört!" Psalm 65,3

Vielleicht sind es nicht immer die großen spektakulären Gebetserhörungen, aber wer könnte nicht wie Paul Gerhardt ebenfalls bezeugen: „In wie viel Not hat nicht der gnädige Gott über dir Flügel gebreitet."

Da spricht mich nach einer Predigt in einer Gemeinde eine alte Schwester an und überreicht mir eine große Tragetasche voll großer Blaubeeren. Verwundert schaue ich sie an und schmunzelnd bekennt sie mir: „Weißt du, seit ich dem Herrn Jesus versprochen habe, dass aller Ertrag meines Gartens ihm gehören soll und ich alles an die Geschwister verschenken möchte, seitdem wächst es wie wild! Je mehr ich verschenke, desto mehr lässt mein Herr wachsen!"

Aus einer Aussiedlergemeinde höre ich ähnliches. „Ich habe nicht viel zum Leben", erzählt mir eine Schwester, „aber ich habe nie Mangel gehabt. Und ich habe gemerkt, je mehr ich von dem Wenigen, was ich hatte, verschenkt habe an andere, je mehr beschenkte mich der Herr. Er füllt mir die Hände, um anderen Freude zu machen - und dadurch habe ich selbst die größte Freude!"

Da sagt mir der Kassierer eines Missionswerkes: „Der Herr zwingt mich immer wieder auf die Knie: Wir haben nie Geld in der Kasse, aber wenn eine Rechnung kommt, ist genau der Betrag da!"

Ja, der Gott Georg Müllers ist auch heute ganz praktisch erlebbar. Er ist und bleibt derselbe. Vertrauen wir ihm ebenso alles an! Wie heißt es in Sprüche 30,8-9:

> *„Armut und Reichtum gib mir nicht, speise mich mit dem mir bescheidenen Brot; damit ich nicht satt werde und dich verleugne und spreche: Wer ist der Herr? - und damit ich nicht verarme und stehle, und mich vergreife an dem Namen meines Gottes!"*

Und die Kehrseite der Medaille?

Unmittelbar zur Frage der täglichen Versorgung durch Gott gehört auch die Frage unseres Gebens für Gott. In den beiden eben erwähnten Beispielen wird das deutlich: Je mehr die Schwestern gaben, umso reichlicher wurden sie von Gott beschenkt. Das ist ein biblisches Prinzip. Nicht nur in Bezug auf Geld oder Besitz, sondern auch in Bezug auf unsere Kraft und unsere Zeit, die wir Gott und anderen zur Verfügung stellen. Peter Hahne hat es einmal so formuliert: „Nehmen füllt die Hände - Geben füllt das Herz!", und Paulus erinnert die Korinther:

> *„In der jetzigen Zeit diene euer Überfluss für den Mangel jener, damit auch jener Überfluss für euren Mangel diene, damit Gleichheit werde."*
> 2. Korinther 8,14

Einem jungen Bruder wurde in den Abschlussprüfungen seines Studiums bewusst, dass trotz allen beruflichen Lernens die Sache des Herrn nicht darunter leiden darf. Er war Jugendleiter in seiner Gemeinde und so setzte er sich dort trotz der anstehenden Prüfungen voll ein. Und der Herr beschenkte ihn mit der Traumnote

„Eins". Gott lässt sich nichts schenken: Er gib überreich zurück.

Aber wie viel?

Nun können wir natürlich fragen: Wo ist die Grenze? Wie viel erwartet Gott von mir? Ist für mich der alttestamentliche Zehnte verbindlich? Und wenn, wovon? Vom Brutto- oder vom Netto-Einkommen? Und was ist mit meinem Besitz? Und was ist mit meiner Zeit?

Als wir jung verheiratet waren, hatten wir einmal Besuch von einem alten und weisen Bruder. Damals hatte ich als junger Haushaltsvorstand die Frage, wie viel ich denn nun nach der Bibel zu

„Nehmen füllt die Hände -
Geben füllt unser Herz."
(Peter Hahne)

„Wer segensreich sät, wird auch
segensreich ernten!"
(Die Bibel: 2. Korinther 9,6)

„Geben ist seliger
als nehmen!"
(Jesus Christus)

geben hätte. „Gilt für uns im Neuen Testament noch der alttestamentliche Zehnte?" Der Bruder sagte uns daraufhin - und ich werde es nie vergessen: „Weißt du, wir stehen nicht mehr unter dem Gesetz! Du darfst weit mehr geben!" Ich muss gestehen, dass ich im ersten Augenblick ein sehr verblüfftes Gesicht gemacht haben muss, denn er fügte hinzu: „Gott gehört doch sowieso alles. Auch du."

Ja, ich denke, Gott sitzt nicht im Himmel mit einem Taschenrechner und prüft auf diese Weise mein Geben und meine Hingabe. Er sieht mein Herz und die Willigkeit darin, ihm zur Verfügung zu stehen. Welch gutes Zeugnis konnte Paulus den Geschwistern der Gemeinden in Mazedonien geben. Er stellte sie als ein gutes Beispiel für die Korinther (und auch für uns) vor:

> *„Wir tun euch aber, Brüder, die Gnade Gottes kund, die in den Gemeinden Mazedoniens gegeben worden ist, dass bei großer Bewährung in Bedrängnis sich der Überschwang ihrer Freude und ihre tiefe Armut als überreich erwiesen haben in dem Reichtum ihrer Freigebigkeit. Denn nach Vermögen, ich bezeuge es, und über Vermögen waren sie aus eigenem Antrieb willig und baten uns mit vielem Zureden um die Gnade und die Beteiligung am Dienst für die Heiligen. Und nicht nur so, wie wir hofften, sondern sie gaben sich selbst zuerst dem Herrn und dann uns durch Gottes Willen."*
> 2. Korinther 8,1-5

Es geht also nicht um arm oder reich, es geht nicht darum, ob ich begütert oder bedürftig bin. Es geht um meine Herzenseinstellung. Nicht nur etwas von meinem Besitz gehört Gott, sondern ich ganz mitsamt meinem Besitz. Ich bin nur Verwalter dessen, was Gott mir anvertraut. Wie drastisch hat das die Witwe in Markus 12,41 verstanden: Sie gab ihren ganzen Lebensunterhalt in die Hand Gottes. Dabei fragte sie noch nicht einmal, ob die Obersten ihres Volkes damit auch sorgfältig umgingen. Sie vertraute Gott und der Herr Jesus kann sagen: *„Sie hat mehr gegeben als alle!“* Paulus sagt es so:

> *„Wer sparsam sät, wird auch sparsam ernten, und wer segensreich sät, wird auch segensreich ernten. Jeder gebe, wie er sich in seinem Herzen vorgenommen hat: Nicht aus Verdruss oder aus Zwang, denn einen fröhlichen Geber hat Gott lieb!“* 2. Korinther 9,6-7

Der Herr Jesus hat es uns vorgemacht

> *„Denn ihr kennt die Gnade unseres Herrn Jesus Christus, dass er, da er reich war, um euretwillen arm wurde, damit ihr durch seine Armut reich würdet.“* 2. Korinther 8,9
> *„Denn die Besorgung dieses Dienstes füllt nicht nur den Mangel der Heiligen aus, sondern ist auch überreich durch viele Danksagung zu Gott; denn infolge der Bewährung dieses Dienstes verherrlichen sie Gott wegen des Gehorsams eures Bekenntnisses zum Evangelium Christi.“* 2. Korinther 9,12-13

Fragen zum Nachdenken:
- Inwieweit bin ich in der Versorgung von Gott abhängig?
- Was bedeutet für mich: „Sie gaben sich zuerst dem Herrn“?
- Was bedeutet für mich: Sie gab ihren ganzen Lebensunterhalt!“?

Hier entsorgen

8.

Und vergib uns unsere Sünden

Das ist eines der schwersten Gebete und wie mir scheint das schwerste Wort zwischen Menschen untereinander: „Bitte vergib mir!" Es gibt Menschen, die es nie gelernt haben, ihren Stolz zu überwinden und Schuld vor anderen einzugestehen. Dabei haben wir es in unserem Leben so nötig, den Müll unseres Lebens „zu entsorgen". Wie anders sähe es in vielen Familien, Gemeinden, am Arbeitsplatz und in Politik und Gesellschaft aus, wenn wir es neu lernen könnten, „den Kopf unter den Arm zu nehmen" und um Vergebung zu bitten! Was hindert uns nur daran? Liegt es vielleicht daran, dass wir nicht verstanden haben, wie Gott uns vergibt bzw. vergeben will?

Ist der Mensch nicht vollkommen geschaffen worden?

Weshalb sündigen wir und brauchen Vergebung durch Gott? Ja, Gott hat den Menschen vollkommen geschaffen. Er sagt bei der Erschaffung Adams, dass er ihn in seinem Bild geschaffen hat und dass die Erschaffung „sehr gut" war! Gottes Wunsch war es, die Harmonie und Gemeinschaft mit dem Menschen zu pflegen. Doch durch den Sündenfall Adams kam die Sünde in die Welt und haftet uns Menschen seitdem wie ein resistenter Bazillus an. Die Folge der Sünde, so sagt Gottes Wort, ist der Tod, das ewige Getrenntsein von Gott, denn die Heiligkeit Gottes kann keine Gemeinschaft mit der Sünde haben.

„Denn der Lohn der Sünde ist der Tod, die Gnadengabe Gottes aber ewiges Leben in Christus Jesus, unserem Herrn.“ Römer 6,23

Wer kann Schuld wegnehmen?

Ich sitze mit einem Inhaftierten im Gespräch über die Frage seiner Schuld. „Das versteh ich“, sagt er resigniert, „kein Richter kann mir meine Schuld wegnehmen. Ich sitze hier im Knast nur meine Strafe ab. Wenn ich rauskomme, ist meine Schuld immer noch da. Den Menschen, an denen ich schuldig geworden bin, kann ich nach wie vor nicht in die Augen sehen. Die Schuld bleibt. Die kann mir keiner abnehmen - keiner. Damit muss ich leben ...“

Als er später versteht, dass Jesus Christus für seine Schuld am Kreuz gestorben ist und ihm wirkliche Vergebung anbietet, ist er außer sich vor Freude. Dankbar nimmt er diese Vergebung Gottes im Gebet an. Als wir von unseren Knien aufstehen, strahlt er: „Die Last ist weg! Ich bin tatsächlich frei! Auch wenn ich noch meine Strafe absitzen muss, aber mein Gewissen ist frei. Ich werde die Menschen, an denen ich mich versündigt habe, ebenfalls um Vergebung bitten!“

In einem Gefängnis im ungarischen Vac hatten wir einen Missionseinsatz. Als wir mit unserem Chor vor den 150 Inhaftierten stehen, fallen uns einzelne Gefangene auf, die ein frohes Gesicht haben. Bei näherem Hinsehen, stellen wir fest, dass diese Inhaftierten eine Bibel auf ihrem Schoß liegen haben. Bei der Verkündigung nicken sie immer wieder zustimmend und singen die ungarischen Lieder mit. Wir erfahren, dass hier vor einiger Zeit ein ehemaliger Bandenführer zum Glauben an Jesus Christus gekommen ist und durch seine Lebensveränderung eine Bibelgruppe von Gefangenen entstanden ist. Die Gefängnisleitung hat diesem Christen die Möglichkeit gegeben, jeden Inhaftierten in dessen Zelle zu besuchen, da sie festgestellt hat, welch guten Einfluss er auf die Mitgefangenen hat. Als wir ihn nach dem Gottesdienst sprechen, sagt er uns, dass er noch 8 Jahre zu verbüßen hätte, dass er aber seinem Herrn und Heiland dafür dankbar sei, weil er so noch vielen die Botschaft weitersagen könne.

Ja, Gott nimmt die Schuld weg, er vergibt die Sünden. Nicht nur bei Gefangenen, sondern bei jedem, der zu ihm kommt:

> *„Wenn wir unsere Sünden bekennen, ist Gott treu und gerecht, dass er uns die Sünden vergibt und uns reinigt von jeder Ungerechtigkeit!“* 1. Johannes 1,9

Auf welcher Grundlage kann Gott vergeben?

Zur Zeit des Alten Testaments vergab Gott auf der Grundlage der Opfer. Sie waren ein Hinweis auf das Opfer, das Jesus Christus einmal geben würde. Der Sünder hatte den Tod verdient; an seiner Stelle starb das Opfertier. Dessen vergossenes Blut war das Zeichen für den stellvertretenden Tod.

Doch selbst all die tausenden und abertausenden Tieropfer des Alten Testaments konnten in Wahrheit nicht Sünden wegnehmen und ungeschehen machen. Sie waren, so sagt es der Schreiber des Hebräerbriefs, nur ein Hinweis auf das Sterben des Herrn Jesus Christus, der sich selbst als „Lamm Gottes“

stellvertretend für meine Sünde in den Tod gab. Allein auf dieser Grundlage des Blutes von Jesus Christus kann Gott meine Sünde hinwegnehmen und mir vergeben.

> *„Das Blut Jesu Christi, seines Sohnes, reinigt uns von aller Sünde."* 1. Johannes 1,7

Er schaut also „nicht durch die Finger", er lässt nicht „fünf gerade" sein, er lässt nicht „Gnade vor Recht" ergehen. Nein, Gott ist gerecht und heilig und er muss Sünde strafen. Aber er ist auch Liebe. Er hasst die Sünde, aber er liebt den Sünder. Deshalb hat er sich die Vergebung so viel - ja alles - kosten lassen. Vergebung kostete ihn seinen Sohn.

> *„So sehr hat Gott die Welt geliebt, dass er seinen eingeborenen Sohn gab, damit jeder, der an ihn glaubt, nicht verloren geht, sondern ewiges Leben hat."* Johannes 3,16

Wie vergibt Gott?

Oft ist es so, dass wir, obwohl wir Gott um Vergebung gebeten haben, doch nicht innerlich froh sind, weil wir es in unserem Gefühl nicht tatsächlich nachvollziehen, was Gott getan hat. Das geschieht häufig dann, wenn wir mit ein und derselben Sünde öfter um Vergebung nachsuchen müssen. Doch Gott möchte uns die innere Sicherheit und Gewissheit der Vergebung schenken. Deshalb gebraucht er verschiedene Bilder und Beispiele, um uns zu verdeutlichen, wie er vergibt.

Beispiel 1: Endlagerung und Entsorgung

In Micha 7,19 sagt der Prophet über Gott:

> *„Du wirst alle unsere Sünden in die Tiefen des Meeres werfen."* Micha 7,19

Was will Gott damit sagen? Nun, das Meer ist an seiner tiefsten Stelle ca 11.000 m tief. Wenn er meine Sünden dort entlagert, heißt das: Dort komme ich nicht dran. Sie sind wirklich meinem Zugriff für immer entzogen!

Beispiel 2: Kein Blick zurück im Zorn!

Der König Hiskia sagt, nachdem Gott ihm vergeben hat und ihn wieder gesunden lies:

> *„Du hast alle meine Sünden hinter deinen Rücken geworfen!"* Jesaja 38,17

Das heißt: Gott lässt deine Sünden hinter sich, er nimmt sie nie mehr vor sein Gesicht! Nie mehr wird er sie dir vorhalten! Vergebung Gottes ist wirklich volkommen!

Beispiel 3: Gott wird nie mehr an deine Sünden denken!

In Hebräer 8,12 und 10,17 verspricht Gott:

> *„Ihrer Sünden werde ich nie mehr gedenken!"*

Nein, Gott ist nicht vergesslich! Aber er denkt nie mehr an Sünden, die er vergeben hat! Seine Vergebung ist mehr als ein schönes Gefühl, sie ist radikal!

Auf das Thema der Vergebung gehe ich in dem Buch „Vergebung ist mehr ...!" ausführlicher ein. Die Frage nach unseren Gedanken wird in dem Buch „Leben auf dem Pulverfass?" behandelt.

Fragen zum Nachdenken:

- Was ist die Folge der Sünde?
- Weshalb kann Gott vergeben?
- Wie kann ich um die Vergebung Gottes wissen?

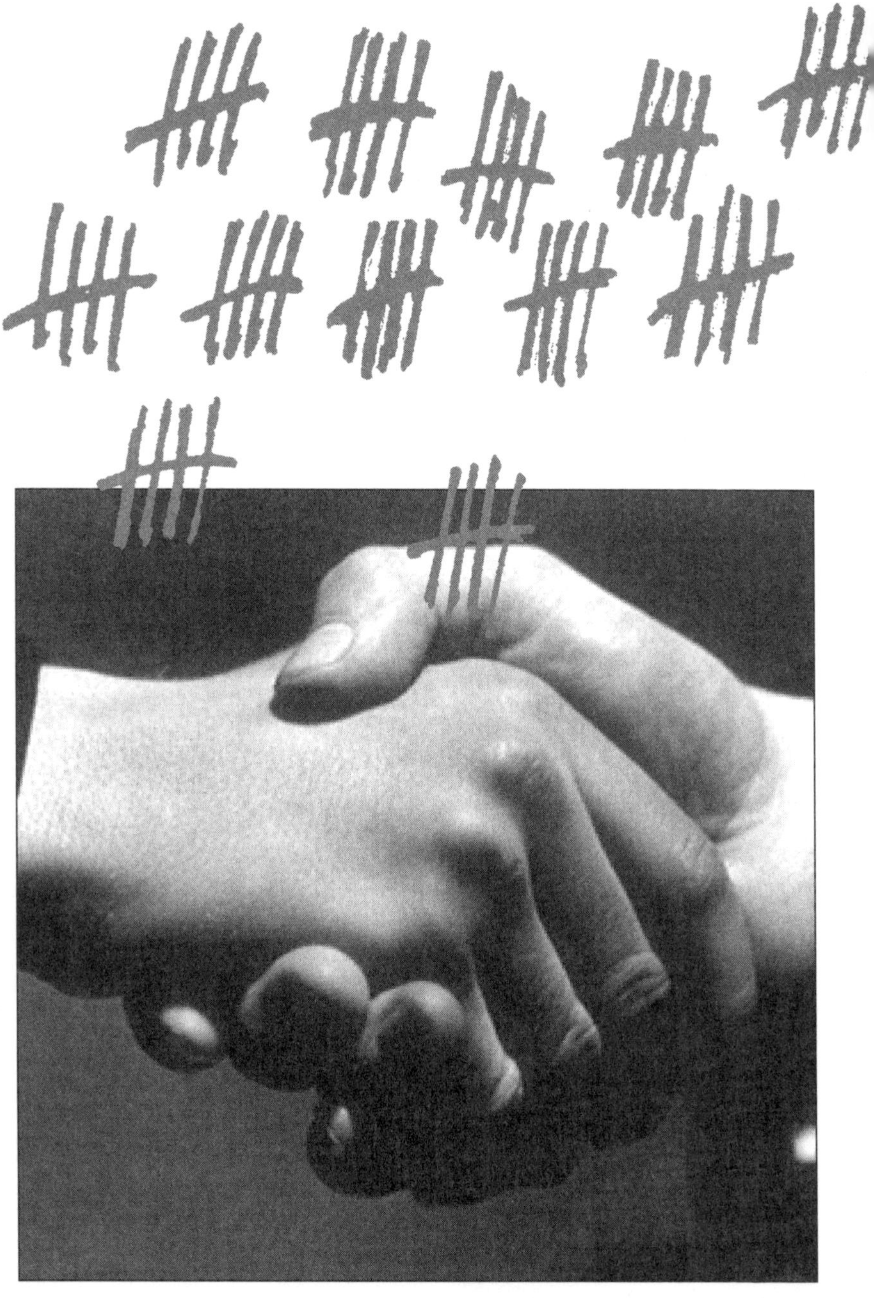

9.

Wie auch wir vergeben unseren Schuldnern

Was würde geschehen, wenn Gott mir nur in dem Umfang Vergebung schenkte, wie ich bereit wäre, anderen zu vergeben? Wäre das nicht schrecklich? Ich würde nie den Himmel sehen, wäre nie sicher, errettet zu sein. An diesem Punkt des Gebets, das der Herr Jesus seinen Jüngern gab, merken wir, dass er es noch in die Situation und Zeitepoche des Gesetzes hinein sagte. Gott knüpfte an die eigene Vergebung die Bedingung der Vergebung untereinander.

Nach seinem Werk auf Golgatha finden wir in den Briefen diese Verknüpfung in dieser Weise nicht mehr. Das soll natürlich in keiner Weise heißen, dass wir nicht vergeben sollen! Ganz im Gegenteil! Hier wird eine andere Verknüpfung gegeben, die die Motivation zum Vergeben noch stärker gibt:

> *„Vergebt einander, so wie Gott in Christus euch vergeben hat!"* Epheser 4,32 und Kolosser 3,13

Damit wird uns die völlige und umfassende Vergebung durch das Werk Gottes in seinem Sohn Jesus Christus vor Augen gestellt. Sollten wir nicht aus Dankbarkeit für seine Liebe und Hingabe, die bis in den Tod ging, auch selbst anderen vergeben können?

Warum tun wir uns nur so schwer, anderen zu vergeben?

Ich möchte ein Beispiel berichten: Meine Frau und ich waren bei einem Ehepaar zu einem Gespräch eingeladen, da sie, wie sie berichteten, Schwierigkeiten in ihrer Ehe hätten. Sie waren beide bewusste Christen und arbeiteten in der Gemeinde mit. Nun, wir saßen bei ihnen im Wohnzimmer und unterhielten uns zunächst über dies und das. Dann fragte ich sie nach ihren Problemen. Zögernd begann der Ehemann: „Weißt du, unsere Not ist, dass wir uns immer wieder streiten."

„Über was streitet ihr euch denn?", wollte ich wissen. „Nun, es war zum Beispiel vor zwei Wochen ..." - „Nein", unterbrach ihn seine Frau, „das war vor drei Wochen!"

„Ach, sei doch still! Das war vor zwei Wochen!"

„Du willst immer alles besser wissen! Ich weiß es noch ganz genau, es war einen Tag nach deinem Geburtstag! Also vor drei Wochen!"

„Unterbrech mich doch nicht dauernd! Du bist genau wie deine Mutter!"

„Ja, komm du jetzt damit! Weißt du noch damals ...?!"

Kannst du dir vorstellen, wie das Gespräch weiterging? Meine Frau und ich zogen uns etwas aus der Schusslinie. Eine heftige Wortschlacht brauste über den Couchtisch. Plötzlich wurde ihnen bewusst, dass wir dabeisaßen. Zwei hochrote Köpfe, betroffenes Schweigen. „Äh - entschuldigt", stotterte er, „aber so geht das immer!"

Ich schaute sie beide an und fragte: „Was habt ihr denn gerade gemacht?"

Verwundert schauten sie zurück: „Äh - wir - äh -wir haben uns gestritten ..."

„Davon hab ich nichts gemerkt", antwortete ich. Sie guckten mich verständnislos an. „Nein", erklärte ich, „das war kein neuer Streit. Das war ein alter. Aber ich hab eine andere Frage an euch: Wisst ihr übrigens, was eine Mikrowelle ist?"

„Natürlich", sagte sie, „ich hab eine in der Küche stehen. Warum?"

„Was macht man damit?", fragte ich nach.

„Damit wärmt man alte Speisen wieder auf", wusste auch der Ehemann. „Richtig", bestätigte ich. „Und eben euer Disput war kein neuer Streit, sondern ein Streit aus der Mikrowelle!"

Beide schauten sich an: „Ja, richtig, ein aufgewärmter alter Streit."

„Habt ihr euch denn damals vor zwei - entschuldigt - vor drei Wochen gegenseitig vergeben?"

„Ja, und Vergebung ist immer so schön!"

„Seht", erklärte ich ihnen, „das war keine wirkliche Vergebung damals. Auch wenn ihr zusammen auf den Knien gewesen seid und wenn ihr euch gegenseitig in den Arm genommen habt. Ihr habt das falsche Verhalten des anderen auch nach einer Vergebung als Geschehen fein säuberlich archiviert und rechts und links neben eurem Nachttisch gespeichert. Bei jeder nur denkbaren Möglichkeit holt ihr die alten Dinge als Argumentsverstärker hervor und die 'Kissenschlacht' geht von neuem los. Nein, das ist keine Vergebung! Vergebung ist nur wirkliche Vergebung, wenn ihr so vergebt, wie Gott in Christus euch vergeben hat!"

Was hatten wir uns eben in Erinnerung gerufen? Wie vergibt Gott? Er verspricht, nie mehr an die vergebene Sünde zu denken! Das heißt: Er hält sie uns nie mehr negativ vor.

Das bedeutet also: Wenn ich jemandem vergebe, darf ich ihm das Vergehen nie mehr vorhalten!

Du wirst sagen: „Das ist aber schwer! Dann hab ich ja gar nichts mehr in der Hand! Und was mach ich, wenn der andere das Gleiche noch einmal macht?“

Jay Adams sagt in seinem Buch „70x7“: Vergebung ist kein Selbstzweck oder eine therapeutische Technik, die dem guttut, der sie ausübt!“ Das geht nur über tatsächliche Reue und Umkehr.

Wer macht den ersten Schritt zur Vergebung?

„Ja“, wirst du sagen, „das hab ich verstanden. Ich will ja vergeben, aber lass den anderen zuvor zu mir kommen. Ich will ihm noch einmal sagen, wer Recht gehabt hat!“

Nein, auch das ist eine Selbsttäuschung. Ich kann nur vergeben, wenn ich bereit bin, auf mein Recht zu verzichten, Recht zu haben. Der Herr Jesus sagt:

> *„Wenn aber dein Bruder sündigt, so geh hin, überführe ihn zwischen dir und ihm allein!“*
> Matthäus 18,15

Und was mach ich, wenn der andere wieder sündigt?

Darauf gibt der Herr Jesus eine eindeutige Antwort, die wir zwar sicher gut kennen, aber so selten praktizieren:

> *„Dann trat Petrus zu Jesus und sprach: Herr, wie oft soll ich meinem Bruder, der gegen mich sündigt, vergeben? Bis siebenmal? Jesus spricht zu ihm: Ich sage dir: Nicht siebenmal, sondern bis siebzigmal siebenmal!“*
> Matthäus 18,21-22

Ich denke, wir merken, dass Vergebung untereinander eine schwere Sache ist und man sie nicht so nebenbei mit einem leicht hingeworfenen „'tschuldige bitte!“ - „Schon gut!“ abtun kann. Wir werden sicher sagen, wenn ich 490 mal einem anderen vergebe, dann werde ich ja „über den Tisch gezogen". Bin ich da nicht der Dumme?

Wie hat Gott reagiert? Und wie reagiert er, wenn ich immer und immer wieder nur aus seiner Vergebung leben kann?! Noch einmal sein Anspruch an uns:

> *„Vergebt einander, so wie Gott in Christus euch vergeben hat!"*
> Epheser 4,32 und Kolosser 3,13

Das Werk von Golgatha zeigt uns immer wieder, wie schwer Vergebung ist: Die mir von Gott gewährte Vergebung hat ihn seinen Sohn gekostet! Welch eine Liebe, Güte und barmherzigkeit schenkt Gott mir Tag für Tag neu!

Fragen zum Nachdenken:
- Was hindert mich, anderen zu vergeben?
- Was heißt: Vergeben, wie Gott uns vergeben hat?
- Wie kann ich vergessen?

10.

Und führe uns nicht in Versuchung

Diese Bitte, die der Herrn Jesus seinen Jüngern in den Mund legt, macht dem einen oder anderen Mühe. Steht nicht im Jakobusbrief, dass Gott nicht versucht?

„Niemand sage, wenn er versucht wird: Ich werde von Gott versucht. Denn Gott kann nicht versucht werden vom Bösen, er selbst aber versucht niemand." Jakobus 1,13

Wie ist diese Aussage mit der Bitte oben zu vereinbaren? Dazu müssen wir zunächst klären, was überhaupt Versuchung ist. Da ich aus der Werbebranche komme, weiß ich nur zu gut, was Versuchung ist und wie man sie einsetzt, um andere zu bestimmten Handlungen oder Käufen zu veranlassen. Man präsentiert eine Sache oder einen Sachverhalt so reizvoll, dass beim Verbraucher Bedürfnisse geweckt werden, die zu beabsichtigten Verhaltensweisen bzw. Käufen führen.

Ein allseits bekanntes Beispiel: Eine lila Kuh auf saftiger grüner Wiese vor strahlend blauem Himmel lässt beim Betrachter den Genuss einer bestimmten Schokoladenmarke schon im Mund nachempfinden, weil man Kuh zu Milch assoziiert und die Farbe Lila mit der typischen Verpackung dieser Marke in Zusammenhang gebracht wird. Die Zunge fährt beim Betrachten wie automatisch über die Lippen und man meint, den Geschmack, den man schon einmal als gut empfunden hat, nachzuempfinden. Die Überschrift auf diesem Plakat oder dieser Anzeige bringt es auf den Punkt: „Die zarteste Versuchung, seit es Schokolade gibt." - Nun, diese Versuchung ist vergleichsweise harmlos, sie verursacht höchstens ein Schmelzen des Geldbeutelinhalts und eine Zunahme des Körpergewichts ...

Andere Versuchungen sind weit gefährlicher, verfahren aber nach dem gleichen - für den Verbraucher meist unbewussten - Strickmuster.

Ein anderes Beispiel: Die neue Brücke ist wie geplant fast fertig gestellt. Vor der feierlichen Verkehrsübergabe durch irgendeinen Minister wird ein Belastungs-Versuch durchgeführt. Eine Probe, um der Öffentlichkeit (und dem Minister) zu demonstrieren, dass Konstrukteure und Statiker richtig gerechnet haben.

Beispiel 1 ist also der Versuch (oder die Versuchung), um jemanden zu verleiten, etwas Unbedachtes und für ihn möglicherweise Schädliches zu tun.

Beispiel 2 ist ein Test, eine Prüfung, um zu beweisen, dass die Prüfung bestanden wird.

Wer bringt in Versuchung?

Nun, ich denke, das ist klar: Der Teufel geht nach dem Prinzip des ersten Beispiels vor, um Menschen zu Fall zu bringen. Er bringt in Versuchung, um uns Menschen zu schaden.

In dieser Weise versucht Gott nie. Wenn er versucht, dann prüft er uns mit dem Ziel, dass die Prüfung bestanden wird und dadurch unser Glaube gestärkt wird.

Für uns ist nicht immer im Voraus erkennbar, um welche Versuchung oder Prüfung es sich handelt. Gott kann eine Versuchung durch den Teufel sogar zulasssen, um deutlich werden zu lassen, dass der Prüfungstest bestanden wird. Drei treffende Beispiele dieser Art sind die Versuchung des Herrn Jesus in Matthäus 4,1-11, die Prüfung in 1. Mose 22 (Opferung Isaaks) und die Versuchung in Hiob 1. Von diesen Prüfungen spricht Jakobus positiv:

> *„Haltet es für lauter Freude, meine Brüder, wenn ihr in mancherlei Versuchungen geratet, indem ihr erkennt, dass die Bewährung eures Glaubens Ausharren bewirkt.“* Jakobus 1,2

Wie versucht der Teufel?

Wenn der Teufel uns zu Fall bringen will, hat er bei uns Menschen einen mächtigen Anknüpfungspunkt: Wir sind durch ihn für Versuchung anfällig, weil in uns die Sünde ist, sozusagen die Antenne, die auf die teuflische Frequenz eingestellt ist. Er knüpft an die in uns wohnende Lust (oder Begierde) an, die in uns begehrenswerte Wunschträume weckt. Jakobus definiert es so:

> *„Ein jeder aber wird versucht, wenn er von der eigenen Begierde fortgezogen und gelockt wird. Danach, wenn die Begierde empfangen hat, bringt sie die Sünde hervor.“*
> Jakobus 1,14-15

Was ist Lust? Sie ist das Bedürfnis, etwas wieder zu tun oder zu denken, was ich schon einmal als „schön“ empfunden habe. Das kann positive Lust sein (denken wir an die häufige Aufforderung in der Bibel: *„Habe deine Lust am Herrn“*), es kann aber auch negative Lust sein (hier in der Jakobus-Stelle mit „Begierde“ übersetzt). Negative Lust ist, etwas zu tun oder zu denken, was ich zwar als schön empfinde, was aber gegen Gottes Willen ist.

Von daher ist es wichtig, dass wir uns darüber Gedanken machen, wo wir selbst für Versuchungen durch den Teufel gefährdet sind!

Für den einen ist es vielleicht der Reichtum (1. Timotheus 6,9), für den anderen die eigene Ehre oder Geltungssucht, die Genusssucht im Essen oder Trinken (Alkohol, Nikotin, Drogen), die Sexualität oder die Habsucht (heute oft als Sparsamkeit verharmlost), die Musik oder der Luxus. Männer sind häufig über die Augen gefährdet (Matthäus 5,2), Frauen eher über ihr Gehör.

Drei besondere Versuchungsprinzipien

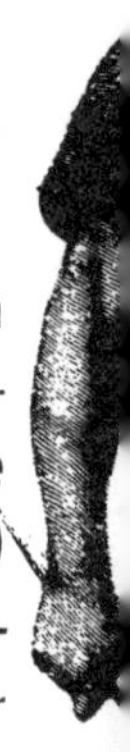

In der Regel setzt der Teufel bei Versuchungen bei unserem Gefühl, also bei unseren Emotionen an. Johannes charakterisiert es so:

> *„Denn alles, was in der Welt ist, die* ***Begierde (Lust) des Fleisches*** *und die* ***Begierde (Lust) der Augen*** *und der* ***Hochmut (Stolz) des Lebens****, ist nicht vom Vater, sondern ist von der Welt.“* 1. Johannes 2,16

Wenn wir uns die erste Versuchung bei Adam und Eva ansehen (1. Mose 3) und die Versuchung, die der Teufel an den Herrn Jesus heranträgt (Matthäus 4,1-11), können wir genau diese drei Bereiche feststellen, die auch in der Werbung verwandt werden:

1. „Gönn dir was!“ (Lust des Fleisches) = Genuss;
vgl.: 1Mo 3,6: „gut zur Speise“
vgl.: Mt 4,3: „mach aus den Steinen Brot“

2. „Zeig, wer du bist!“ (Lust der Augen) = Stolz, Ehre;
vgl.: 1Mo 3,6: „eine Lust für die Augen“
vgl.: Mt 4,6: „spring von der Zinne des Tempels“
3. „Sei was!“ (Hochmut des Lebens) = Macht, Besitz;
vgl.: 1Mo 3,6: „begehrenswert, Einsicht zu geben“
vgl.: Mt 4,9: „alle Reiche der Welt kannst du haben“

Wie kann ich in der Versuchung bestehen?

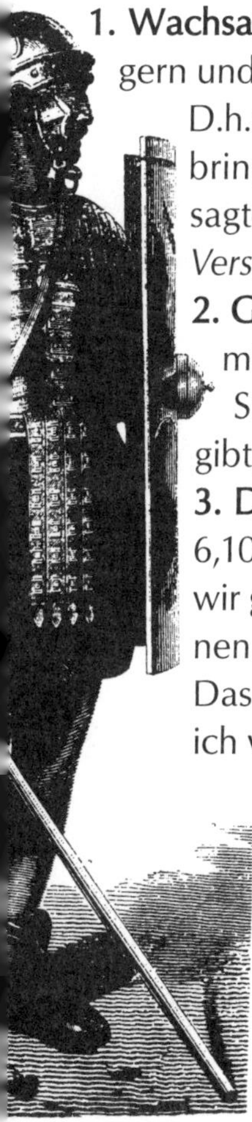

1. Wachsamkeit und Gebet: Der Herr Jesus gab seinen Jüngern und auch uns die Bitte: *„Führe uns nicht in Versuchung.“* D.h.: „Lass es nicht zu, dass der Teufel mich zu Fall bringt, bewahre mich davor und darin!“ Außerdem sagte er ihnen auch: *„Wacht und betet, damit ihr nicht in Versuchung kommt!“* (Lukas 22,40).

2. Gefahren und Gefahrenorte meiden: D.h., ich muss mir meine Schwachpunkte ehrlich bewusst machen. Schon der Volksmund sagt: Wer sich in Gefahr begibt, kommt darin um (vgl Psalm 1,1).

3. Die geistliche Waffenrüstung benutzen: In Epheser 6,10-18 wird mit diesem Bild anschaulich gezeigt, wie wir gegen die Angriffe des Teufels gewappnet sein können.

Das heißt: Entweder lass ich mich von Gott führen oder ich werde vom Teufel verführt.

Fragen zum Nachdenken:
- Warum sündige ich noch als Christ?
- Wie kann ich über die Sünde siegen?
- Was bedeutet die Waffenrüstung in Epheser 6,10-18 praktisch?

11.

Sondern erlöse uns von dem Bösen

Als Gott damals im Garten nach dem Sündenfall des ersten Menschenpaares die Folgen dieses Ungehorsams aussprach, hatte er auch die endgültige Lösung der Verführung und der Sünde angekündigt:

> *„Und ich werde Feindschaft setzen zwischen dir (der Schlange) und der Frau, zwischen deinem Samen und ihrem Samen, er wird dir den Kopf zermalmen, und du, du wirst ihm die Ferse zermalmen.“* 1. Mose 3,15

Diese Linie der Verheißung zieht sich durch die ganze Bibel hindurch (vgl. Kapitel 5). Auf Golgatha hat der Herr Jesus den Feind, den Teufel, besiegt. Das, was er heute noch an uns tut, sind im Grunde nur noch Rückzugsgefechte, auch wenn wir vielleicht manchmal meinen könnten, dass er die Überhand behalten würde. Aber Gott hat für die endgültige Lösung gesorgt! Die Bibel berichtet davon, dass der Widersacher Gottes gebunden werden wird und damit unschädlich gemacht wird, sodass er nicht mehr zur Sünde verführen und zu Fall bringen kann. In Offenbarung 20 heißt es:

„Und ich sah einen Engel aus dem Himmel herabkommen, der den Schlüssel des Abgrunds und eine große Kette in seiner Hand hatte. Und er griff den Drachen, die alte Schlange, die der Teufel und der Satan ist; und er band ihn für tausend Jahre und warf ihn in den Abgrund und schloss zu und versiegelte über ihm, damit er nicht mehr die Nationen verführe, bis die tausend Jahre vollendet sind. nach diesem muss er für eine kurze Zeit losgelassen werden. (...)
Und wenn die tausend Jahre vollendet sind, wird der Satan aus seinem Gefängnis losgelassen werden und wird hinausgehen, die Nationen zu verführen, die an den vier Ecken der

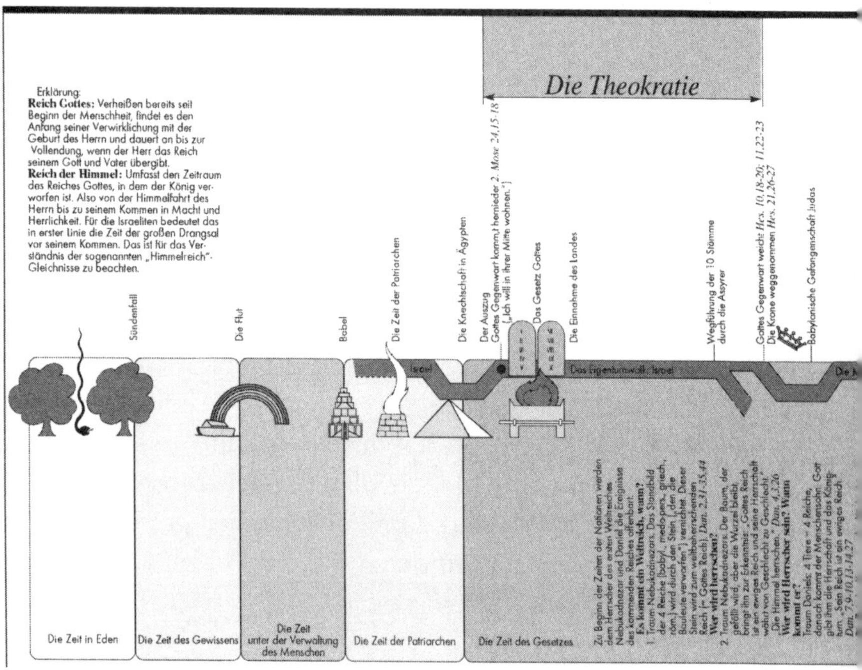

Erde sind, den Gog und den Magog, um sie zum Krieg zu versammeln; deren Zahl ist wie der Sand des Meeres. Und sie zogen herauf auf die Breite der Erde und umzingelten das Heerlager der Heiligen und die geliebte Stadt (= Jerusalem)*; und Feuer kam aus dem Himmel herab und verschlang sie.*
Und der Teufel, der sie verführte, wurde in den Feuer- und Schwefelsee geworfen, wo sowohl das Tier als auch der falsche Prophet sind; und sie werden Tag und Nacht gepeinigt werden von Ewigkeit zu Ewigkeit."
Offenbarung 20,1-3.7-10

Gott wird die Bitte *„Erlöse uns von dem Bösen"* für alle Ewigkeit erfüllen.

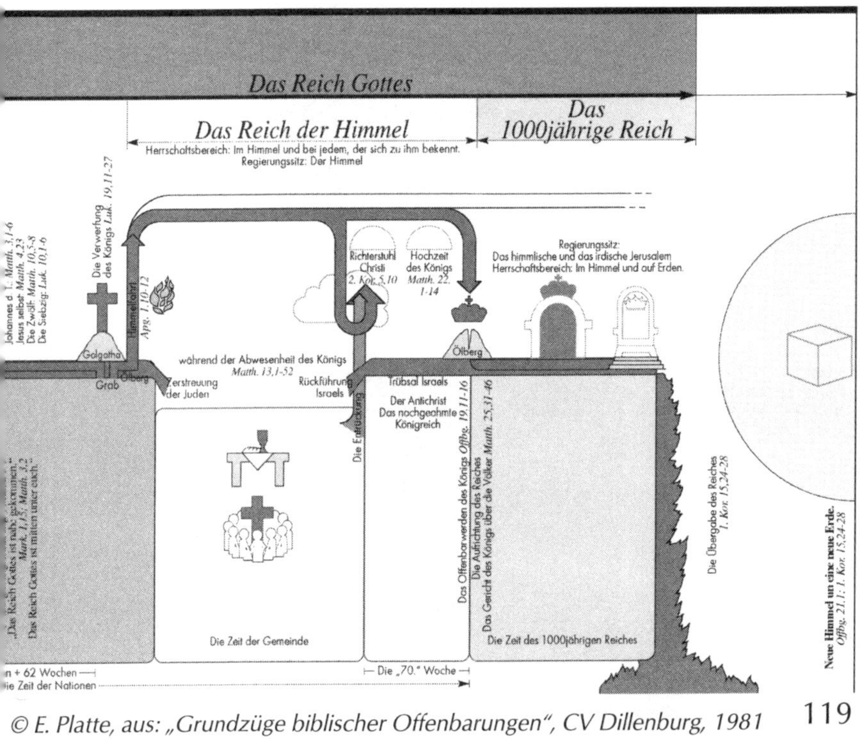

© E. Platte, aus: „Grundzüge biblischer Offenbarungen", CV Dillenburg, 1981

12.

Anhang

Was sagt die Bibel über das Beten?

1. Bittgebete

Bitte:

Gott sagt: *„Fordere von mir, und ich will dir die Nationen zum Erbteil geben."* Psalm 2,8

*„**Bittet**, und es wird euch gegeben werden; sucht, und ihr werdet finden; klopft an, und es wird euch geöffnet werden."* Matthäus 7,7

Fürbitte:

*„Haltet fest am Gebet, und wacht darin mit Danksagung, und **betet** zugleich auch **für uns**, dass Gott uns eine Tür des Wortes öffne, das Geheimnis des Christus zu reden."* Kolosser 4,2-3

*„Übrigens, Brüder, **betet für uns**, dass das Wort des Herrn laufe und verherrlicht werde wie auch bei euch."* 2. Thessalonicher 3,1

Rufen:

*„**Rufe mich an** am Tag der Not; ich will dich erretten, und du wirst mich verherrlichen!“* Psalm 50,15
*„Zu dir, Herr, **rufe** ich.“* Joel 1,19

Flehen:

*„Herr, höre auf mein Gebet, merke auf mein **Flehen**! Erhöre mich in deiner Treue, in deiner Gerechtigkeit!“* Psalm 143,1
*„Denn die Augen des Herrn sind gerichtet auf die Gerechten und seine Ohren auf ihr **Flehen**.“* 1. Petrus 3,12

Schreien:

*„Horche auf die Stimme meines **Schreiens**, mein König und mein Gott; denn ich bete zu dir.“* Psalm 5,3
*„Gott aber, sollte er das Recht seiner Auserwählten nicht ausführen, die Tag und Nacht zu ihm **schreien**?“* Lukas 18,7

2. Dankgebete

Danken:

*„Wir **danken** dir, Herr, Gott, Allmächtiger, der ist und der war.“* Offenbarung 11,17
*„Sagt allezeit für alles dem Gott und Vater **Dank** im Namen unseres Herrn Jesus Christus!“* Epheser 5,20

Dank opfern:

*„Wer **Dank opfert**, verherrlicht mich und bahnt einen Weg; ihn werde ich das Heil Gottes sehen lassen.“* Psalm 50,23

*„Dir will ich **Dank opfern**, anrufen will ich den Namen des Herrn!“* Psalm 116,17

Loben:

*„Verkündigen will ich deinen Namen meinen Brüdern; inmitten der Versammlung will ich dich **loben**.“*
Psalm 22,23
*„Halleluja! **Lobt** den Herrn von den Himmeln her! **Lobt** ihn in den Höhen! **Lobt** ihn, alle seine Engel! (...) **Loben** sollen sie den Namen des Herrn!“* Psalm 148,1.5a

3. Anbetung

Anbeten:

*„Kommt, lasst uns **anbeten** und uns neigen, lasst uns niederknien vor dem Herrn, der uns gemacht hat.“*
Psalm 95,6
*„Gott ist Geist, und die ihn **anbeten**, müssen in Geist und Wahrheit **anbeten**.“* Johannes 4,24

Preisen:

*„Halleluja! **Preist** den Herrn, denn er ist gut! Denn seine Gnade währt ewig.“* Psalm 106,1
*„Du bist mein Gott, ich will dich **preisen**! Mein Gott, ich will dich erheben!“* Psalm 118,28

Rühmen:

*„In dem Herrn soll sich **rühmen** meine Seele, hören werden es die Sanftmütigen und sich freuen.“* Psalm 34,3
*„Du aber, du wirst jubeln in dem Herrn und dich **rühmen** in dem Heiligen Israels!“* Jesaja 41,16

Erheben:

*„**Erhebt** den Herrn mit mir, lasst uns miteinander **erhöhen** seinen Namen."* Psalm 34,4

*„Du bist mein Gott, ich will dich preisen! Mein Gott, ich will dich **erheben**!"* Psalm 118,28

Jauchzen:

*„**Jauchzt** dem Herrn alle Welt! Seid fröhlich und jauchzt und spielt."* Psalm 98,4

*„**Jauchzt** dem Herrn alle Welt!"* Psalm 100,1

Jubeln:

*„Dient dem Herrn mit Freuden! Kommt vor sein Angesicht mit **Jubel**!"* Psalm 100,2

*„Du aber, du wirst **jubeln** in dem Herrn und dich rühmen in dem Heiligen Israels!"* Jesaja 41,16

Frohlocken:

*„Ich aber, ich will dem Herrn **frohlocken**, will jubeln über den Gott meines Heils."* Habakuk 3,18

„Vater unser" -
ganz persönlich hinterfragt

1. Kann ich **„unser"** beten, wenn ich nicht auch andere mit ins Gebet nehme?
2. Kann ich **„Vater"** beten, wenn ich nicht durch den Herrn Jesus neu geboren und ein Kind Gottes bin?
3. Kann ich **„der du bist im Himmel"** beten, wenn ich mir nicht der Allmacht Gottes bewusst bin?
4. Kann ich **„geheiligt werde dein Name"** beten, wenn ich nicht ein Leben in der Heiligung führe?
5. Kann ich **„dein Reich komme"** beten, wenn ich nicht bereit bin, den König aller Könige Herr in meinem Leben sein zu lassen?
6. Kann ich **„dein Wille geschehe"** beten, wenn ich ein Egoist bleibe und nicht seinen Willen tue?
7. Kann ich **„unser nötiges Brot gib uns täglich"** beten, wenn ich nicht auch an die Hungernden denke und mit ihnen teile?
8. Kann ich **„vergib uns unsere Schuld, wie auch wir vergeben unseren Schuldnern"** beten, wenn ich nicht bereit bin, Frieden zu stiften und den ersten Schritt zur Versöhnung zu wagen?
9. Kann ich **„und führe uns nicht in Versuchung"** beten, wenn ich nicht „Gefahrenzonen" meide?
10. Kann ich **„und erlöse uns von dem Bösen"** beten, wenn ich nicht die „Waffenrüstung Gottes" (Epheser 6) benutze und auf den wiederkehrenden Herrn warte?

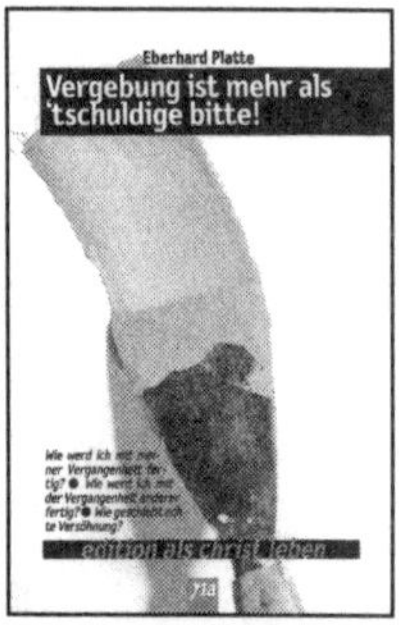

Vergebung ist mehr ...!
Wie geschieht echte Versöhnung?
Pb 80 Seiten, Best.-Nr. 273.364, Preis: € 4,90

„Ich will ja vergeben, aber vergessen kann ich es ihm nicht!" Wie oft haben wir diesen Satz schon gehört - oder sogar selbst gesagt.

Was ist Vergebung wirklich? Was ist Versöhnung? Ein Thema, das uns alle angeht, sowohl in unseren Familien, in den Gemeinden als auch in unserer Nachbarschaft.

Wie kann die oft bekannte Theorie der Vergebung bei uns Praxis werden?

Leben auf dem Pulverfass?
Wie gehen wir mit unseren Gedanken um?
Pb (in Vorbereitung)

„Wenn jeder vor der Stirne hätt ein Fensterlein, dahinter die Gedanken schwirrn und jeder könnte schau'n hinein! Ach was gäb das ein Laufen, um matte Scheiben einzukaufen ..."

Dürfen wir denken, was wir wollen? Sind die Gedanken wirklich frei? Wie können wir unsere Gedanken disziplinieren und unter Kontrolle bekommen?

Ein heikles Thema, das wir oft den Psychologen überlassen und in Gemeinden kaum behandelt wird.

Einführung in die biblische Seelsorge
Psychotherapie und biblische Seelsorge
Pb 184 Seiten (in Vorbereitung)

„Schlechte Therapie kann aus einem hilfesuchenden Menschen binnen Wochen einen Psychokrüppel machen." (Christof Fasel in Stern 27/95) Laut einer Studie der WHO leidet in den westlichen Industrieländern jeder 4. Patient eines Hausarztes an psychischen Störungen. In der BRD gibt es ca. 20.000 Therapeuten, die über 600 Therapieformen anbieten ...
Was sagt die Bibel zum Thema Therapie und Seelsorge?

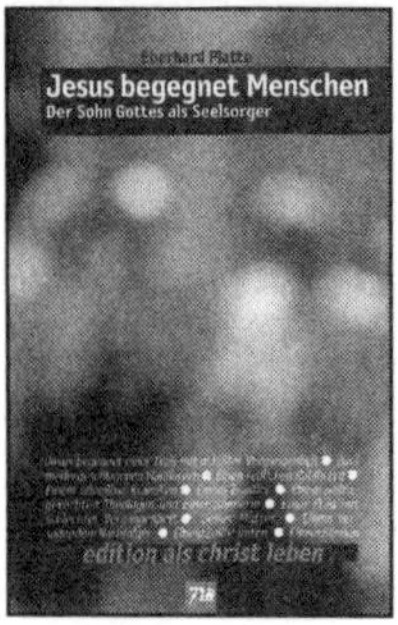

Jesus begegnet Menschen
Der Sohn Gottes als Seelsorger
Pb (in Vorbereitung)

Was ist, wenn man niedergeschlagen und depressiv ist? Wie hilft man okkult belasteten Menschen? Braucht ein selbstbewusster Egoist Seelsorge? Wie geht man in der Seelsorge mit Randgruppen um? Ist Seelsorge Sache von Spezialisten oder Aufgabe der Gemeinde? Christliche Psychotherapie hat Hochkonjunktur. Wer lernen will, was biblische Seelsorge ist, muss bei Jesus Christus in die Lehre gehen.

Unsere Ehe soll noch besser werden
Zu Besuch bei Ehepaaren der Bibel
Pb 204 Seiten, Best.-Nr. 273.362, Preis: € 9,90

Merkwürdig: Für jede berufliche Tätigkeit macht man eine Ausbildung und nimmt an Fortbildungsmaßnahmen teil; nur in die Ehe schlittern viele völlig unvorbereitet nach dem Motto: „Wir schon schiefgehen!" Wen wundert es noch, dass es dann schief geht ...?

Dieses Buch entstand, weil dieses Thema ein Tabu in vielen Gemeinden ist. Kaufen Sie es am Büchertisch Ihrer Gemeinde für ein anderes Ehepaar, aber lesen Sie es selber ...

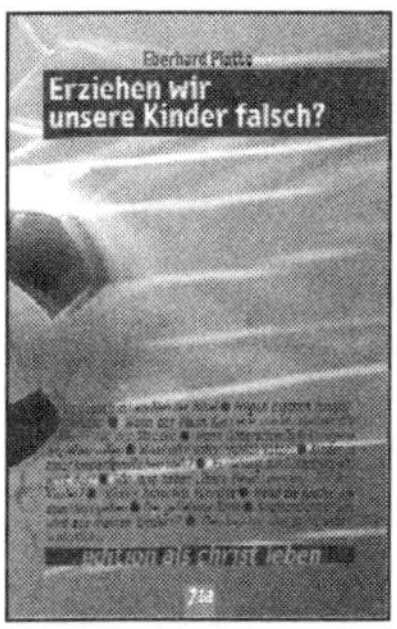

Erziehen wir unsere Kinder falsch?
Zu Besuch bei Familien der Bibel (Teil 1)
Pb (in Vorbereitung)

Da spielen einige Kinder „Mutter, Vater, Kind". Es geht um die Verteilung der Rollen. „Nein", sagt Sascha, „ich bin nicht das Kind, da muss ich nur tun, was ihr wollt. Ich bin der Vater!" - „Pah", wirft Ines ein, „du willst ja nur faul im Sessel sitzen und dich bedienen lassen."

Welches Bild haben unsere Kinder von der Familie und wie können wir sie zu dem erziehen, was die Bibel als Zielsetzung für Christen hat?

Wenn euch eure Kinder fragen werden
Die Botschaft der Bibel kindgemäß vermitteln
Pb (in Vorbereitung)

„Ich komm mir vor wie ein Schweizer Käse, meine Kinder löchern mich mit Fragen, wie soll ich ihnen alles erklären?" Originalton eines genervten Vaters. Wir können unsere Kinder nur so weit erziehen und ihnen Werte und Antworten vermitteln, wie wir sie selbst erkannt haben. Wer Kindern etwas verständlich machen will, muss es selbst verstanden haben. Gott gab den Israeliten Anweisungen für den Fall, dass ihre Kinder sie fragen würden ...

Ich hab da eine Frage
Heikle Fragen zur Bibel verständlich erklärt
Pb (in Vorbereitung)

„Mir machen nicht die Stellen der Bibel Mühe, die ich nicht verstehe, sondern gerade die Stellen, die ich sehr wohl verstehe", sagte Mark Twain. Die Bibel kennt keine Widersprüche! Wenn mir etwas unverständlich erscheint, ist es nur mein Unverstand.

Haben Sie sich auch schon geärgert, dass gerade zu den Stellen nichts in Bibel-Kommentaren zu finden ist, bei denen Sie die meisten Fragen haben?

Gemeinde im Aufbruch
Zu Besuch in Gemeinden der Bibel
Pb 240 Seiten (in Vorbereitung)

Wie hat sich Gott die Gemeinde vorgestellt? Stell dir vor, du kommst in eine Gemeinde und keiner kann dir erklären, warum er dazu gehört! Stell dir vor, deine Gemeinde wächst! Stell dir vor, es kommt wieder Freude in deine Gemeinde! Stell dir vor, deine Gemeinde wird missionarisch aktiv! Stell dir vor, in deiner Gemeinde verändern sich sogar „faule Bäuche“!

Wie sahen die neutestamentlichen Gemeinden aus und was können wir heute von ihnen lernen?

Heiße Eisen und Tabus in Gemeinden?
Fragen, die nur selten offen gestellt werden
Pb (in Vorbereitung)

Warum tun sich manche Gemeinden so schwer, biblische Grundsätze zu verwirklichen? Auf der einen Seite möchte man sich dem Trend der Zeit nicht verschließen und als offen und tolerant gelten, auf der anderen Seite soll das Etikett bibeltreu erhalten bleiben. Wie stehen wir zu den heiklen Fragen und wie können wir sie uns und anderen von der Schrift her erklären? Dieses Buch möchte helfen, sich mit den momentan heißen Eisen zu beschäftigen und Stellung zu beziehen.

Lehre uns beten, Herr!
Gedanken zum „Vaterunser“
Pb 128 Seiten, Best.-Nr. 273.363, Preis: € 7,90

Beten will gelernt sein. Dabei geht es in diesem Buch nicht um die äußere Form, sondern um den Inhalt - mehr noch: um die Person, zu der wir beten. Beschäftigen wir uns beim Beten mit unserem Gegenüber - oder stehen wir im Mittelpunkt? Selten finden wir in den Gemeinden eine Gebetsatmosphäre, die die Gegenwart des Vaters im Himmel ahnen lässt.

Lernen wir neu, was der Herr Jesus seinen Jüngern auf ihre Frage „Herr, lehre uns beten“ vermitteln will.

Fütter den Adler!
Wie kann ich siegreich leben?
Pb 88 Seiten, Best.-Nr. 273.361, Preis: € 5,90

Dieses Buch entstand durch die vielfältigen Gespräche mit Menschen, die dem Autor begegneten. Oft wurde er gefragt, wie ein Christ siegreich im Glauben leben kann und nicht dauernd auf die Nase fällt. Er hat viele angetroffen, die hoffnungsvoll im Glauben gestartet sind, aber nach häufigen Niederlagen resignierten und nur noch in einem mageren Christenleben dahinvegetierten. Muss dies das Schicksal so vieler junger Christen sein?